分県登山ガイド 37

愛媛県の山

石川道夫・西田六助・豊田康二・岡山健仁 著

山と溪谷社

分県登山ガイド――37

愛媛県の山

目次

●本文地図主要凡例●

- 紹介するメインコース。
- 本文か脚注で紹介しているサブコース。一部、地図内でのみ紹介するコースもあります。
- Start Goal Start Goal 225m 出発点／終着点／出発点・終着点の標高数値。
- 管理人在中の山小屋もしくは宿泊施設。
- 紹介するコースのコースタイムのポイントとなる山頂。
- コースタイムのポイント。
- 管理人不在の山小屋もしくは避難小屋。

大崎上島
鷲ヶ頭山
25
26
積善山
弓削島
大三島
伯方島
上島町
瀬戸内海
大崎下島
諸
島
大島
紫雲出山
香川県
今治市
今治IC
我拝師山
三豊市
観音寺市
燧灘
377
24 笠松山
28 北三方ヶ森
24 世田山
30 楢原山
16 大谷山
新居浜市
32 東三方ヶ森
明神ヶ森
31 福見山
西条市
エビラ山 23
四国中央市
21 豊受山
16 金見山
雲辺寺山
新居浜IC
黒岳 23
21 鋸山
17 三角寺
いよ西条IC
松山自動車道
西赤石山
17 地蔵峠
寒風山 9
13 15
22 赤星山
19 翠波峰
17 奥ノ院仙龍寺
11
三ヶ森
三好市
36 梅ヶ谷山
1 2 3
9 10 11
新宮IC
笹ヶ峰
13 14
23 二ツ岳
18 塩塚峰
5 6
5
7 瓶ヶ森
12 冠山
東赤石山
20 佐々連尾山
堂ヶ森
石鎚山
12 平家平
徳島県
奥工石山
35 石墨山
5
4 岩黒山
194
二ノ森
4 筒上山
野鹿池山
8 伊予富士
大川村
8 東黒森
大豊町
494
土佐町
本山町
大豊IC
陣ヶ森
杖立山
439
高知自動車道
土讃線
高知県
工石山
中津明神山
仁淀川町
御在所山
鷹羽ヶ森
仁淀川
32
195
越知町
いの町
高知IC
439
佐川町
高知市
長者ヶ森
南国市
津野町
高知龍馬空港
197
蟠蛇ヶ森
土佐市
須崎市
須崎東IC
土佐湾
安芸市
56
四万十町
御在所ノ峰

愛媛県の山
全図

1 石鎚山 本書で紹介する山名とコース番号
市役所・町村役場
11 国道と国道ナンバー
高速道路・自動車専用道路
JR線
私鉄線
N
1:600,000
0
20km
七国見山
倉橋島
火山
芸
予
斎灘
怒和島
中島
屋代島
(周防大島)
防
予
諸
島
高縄半島
興居島
由利島
小富士 27
27 経ヶ森
高縄山 29
317
196
松山市
松山空港
松前町
松山IC
東温市
伊予市
川内IC
砥部町
伊予灘
うなめご 36
皿ヶ嶺 33
三坂峠
黒森山 34
40 壺神山
378
予讃線
広田石鎚 37
久万高原町
内子町
379
33
大洲市
佐田岬半島
伊方町
大洲IC
41 神南山
大川嶺 38
197
八幡浜市
笠取山 38
56
肱川
440
大判山 42
大野ヶ原 39
五段高原 39
西予市
西予宇和IC
197
378
43 法華津峠
宇和海
梼原町
43 高森山
441
鈴ヶ森
44 泉が森
鬼北町
45 戸祇御前山
320
梼原川
宇和島市
46 四本松
松野町
尻割山 46
予土線
鬼が城山 47
48 高月山
権現山 49
八面山 47
47 三本杭
四万十市
四万十川
56
愛南町
篠山 50

概説 愛媛県の山

文＝西田六助＋写真＝石川道夫

四国を東西に貫く四国山地の西半分の多くの山が愛媛県内に位置している。中でも「四国の屋根」といわれる石鎚《いしづち》山系は、2000メートル近い高峰が連なり、盟主である石鎚山《いしづちさん》は、西日本きっての登山のメッカとして、四季を通して、多くの登山者を迎えている。

この石鎚山系から東に、赤石《あかいし》山系、法皇《ほうおう》山脈があり、西の久万高《くまこう》原《げん》町と内子《うちこ》町の町境には大川嶺《おおかわみね》山系、その南にはカルスト台地の大《おお》野《の》ヶ原《はら》、宇和島《うわじま》市東域には鬼《おに》が城《じょう》山系、高知県境近くには篠山《ささやま》などがあり、いずれも四国山地に属する1000メートル以上の山塊だ。この四国山地以外では、高縄《たかなわ》半島の高縄山系も1000メートル近い山々が連なり、愛媛県では標高の高いエリアとなっている。

一方、愛媛県は、瀬戸内海と宇和海に臨み、国内で5番目に長い海岸線をもっている。海岸近くの山々は、どの山に登っても風光明美な海と山の景観を楽しむことができ、標高こそ低いが、瀬戸内海の島嶼部でも登山対象の山がいくつか知られている。

森林植生は亜熱帯から亜寒帯まで幅広く見られ、特にブナ林は1000メートル以上の高地ではいたるところで見られる。石鎚山、二《に》ノ森《もり》、笹《ささ》ヶ峰《みね》の山頂付近では亜寒帯林のシラベが群生して、高山的な雰囲気を醸し出している。

●山域の特徴

●東部（東予）地域

石鎚山以東の高知県境の石鎚山系の山々、赤石山系、法皇山脈が含まれ、中央構造線に沿って東西にのびていて、標高1500メートル以上の峰々が30数座におよぶ。ただし、石鎚山以外では、それに匹敵する急峻な山は少なく、瓶《かめ》ヶ森《もり》や笹ヶ峰などのようにササに覆われた山々が多く、展望に優れている。

山系の北面（瀬戸内海側）はおおむね急な石鎚断層崖にあたり、急斜面が多く、南面は緩やかである。

高知県境山脈と赤石山系に囲まれた旧別子山《べっしやま》村（新居浜《にいはま》市）は深い谷間で、ここからカタクリの冠《かんむり》山《やま》、平家平《へいけだいら》、東赤石山などへ登山道が続いている。

石鎚山は西日本の最高峰で、日本七霊山のひとつでもあり、多くの信者を含めて、シーズンには登山者の姿が絶えることはない。瓶ヶ森は氷見二千石原《ひみにせんごくばら》ともよばれる広大な笹原が壮観。

一方、赤石山系の銅山越《どうざんごえ》付近は、別子銅山の鉱害により大きな被害を受けたエリアだが、近年は植生がよみがえりつつある。南限といわれるツガザクラも、一時は絶滅の危機に瀕していたが、銅山《どうざん》峰《みね》ヒュッテ関係者の尽力によって蘇ってきている。西赤石山のアケボノツツジ群落、東赤石山へと続く高山性植物群落など、他にはない特異な性質をもった山域だ。

●中部（中予）の山々

寒風山のアケボノツツジ

石鎚山夜明峠の霧氷

石鎚山から西方の山々で、季節や目的によってさまざまなコースを選ぶことができ、それぞれ特徴をもった山々が連なっている。道《どう》後《ご》平野（松山市・東温《とうおん》市）の南に連なる皿《さら》ヶ嶺《みね》連峰は、石鎚山系から続く峰々で、東端には連峰最高峰の石墨山《いしずみさん》が位置し、その下流には唐岬《からかい》の滝、白猪《しらい》の滝などがある。また、皿ヶ嶺周辺のブナ林のみごとさには定評があり、登山口にある風穴の青いケシの花もよく知られている。

久万高原町梅《うめ》ヶ市《いち》から石鎚山系の西端に位置する堂《どう》ヶ森《もり》の間は、かつては白骨林が多いエリアだったが、最近では少なくなってきた。さらに五代《ごだい》ノ別《わか》れ、二ノ森を経て、石鎚山に山並みが続く。

南に行くと、仁淀《によど》川水系の東側に中津《なかつ》明神山《みょうじんさん》が座し、西側には大きな山体の大川嶺、笠取山《かさとりやま》などが連なる。さらに南には、高知県境の天狗《てんぐ》高原から五段《ごだん》高原、大野ヶ原のカルスト台地が威容を誇っている。

高縄半島では楢原山《ならばらさん》と高縄山が知られている。どちらも由緒ある霊山で、山頂付近はブナやミズナラ、スギの巨木などの自然林が残っていて、楢原山で出土した平安時代の宝塔や鏡は国宝に指定されている。北三方《きたさんぼう》ヶ森《もり》も根強い人気をもった山である。

島嶼部も、中部の山々に属している。大三島《おおみしま》の鷲《わし》ヶ頭山《とうざん》は、コースが整っていて登りやすく、神社参拝を兼ねて出かけるとよい。松山市や今治《いまばり》市近郊にもハイキングに適した山々が多い。

笠松山から燧灘の島々を望む

●南部（南予）の山

内子町や大洲《おおず》市以南の山々で、宇和島市の背後に位置する鬼が城

滑床渓谷のシンボル、雪輪ノ滝

山系が代表的な山域だろう。滑床《なめとこ》渓谷の周囲に、御祝山《おいわいさん》、三本杭《さんぼんぐい》、八面山《やつづらやま》、鬼が城山、毛山《けやま》、高月山《たかつきやま》などの山々がまとまっている。最大標高差700メートルの深い渓谷をなし、美しい滑状の河床が10キロ以上続き、登山道も沢に沿っている。夏場は沢歩きのフィールドとして人気がある。

八面山から県境の尾根に沿って南へは、美淋谷山《びりんたにさん》、加塚山《かづかやま》、大黒山《おおぐろやま》などが続き、最南端の山が1000メートルを超す篠山だ。古来より霊山として崇められ、山頂周辺にはアケボノツツジやコウヤマキ、ハリモミなど特有の植生が見られる。

いずれの山頂付近も自然林が多く、3月末から、アセビ、シャクナゲ、オンツツジなどが続いて咲き、7月になるとアセビの新芽が赤く色づき、紅葉を思わせる色合いを見せる。そのほか、バイケイソウやヤマボウシなど、7月中旬まで、各種の花を愛でることができる。一方、イノシシやシカが多く生息し、登山中に遭遇することもしばしばであるので、注意が必要だ。

鬼が城山系の北方には、南予地域唯一の休火山であるといわれる泉《いずみ》が森《もり》、宇和島市と西予市との市境近くには高森山《たかもりやま》があり、法華津《ほけつ》湾（宇和海）の回廊として、「四国のみち」に指定され、ハイキングに最適な場所のひとつとなっている。また、大洲市と内子町にまたがる独立峰の神南山《かんなんざん》は、ふたこぶラクダのような形をしていて、地域では「宝の山」といわれている。

さらに北へ進むと、大洲市と伊予市の境界上に、肱《ひじ》川東側の山魂の最高峰で1等三角点の壺神山《つぼかみざん》が、肱川の西側には、弘法大師ゆかりの出石寺山《しゅっせきじさん》がある。

●気候と風土

愛媛県は一般的には温暖な気候風土に恵まれているといえよう。平野部では年に一、二度積雪がある程度で、標高1000メートル以下の山であれば、冬期の登山もさして問題はない、逆に夏の低山は蒸し暑く、登山は避けた方がよいだろう。幸い、愛媛県には涼しい高山にも恵まれているので、四季を通して、山に親しむことができる。

5月、梅雨明けの7月、10月は一年で最も晴天に恵まれ、新緑や花、紅葉が盛りを迎え、登山には最適な時期だ。

愛媛の山は海に近いため、夏は霧が発生しやすいが、秋は瀬戸内側から雲海が押し寄せ、稜線の南側になだれ落ちる滝雲がしばしば見られる。晩秋となると、寒気の南下に伴って、北面一帯にみごとな霧氷の花が咲く。

県外から、冬期に雪を避けて南の四国に来たのに、雪の多さに驚く登山者も多い。石鎚山頂付近では日本海側の山を思わせるような積雪があり、南予《なんよ》の鬼が城山系でも一冬に何回か雪が降り、多い時は2メートルも積もることがある。

●安全登山のために

登山のためのさまざまな学習を怠らないようにし、目標とする山域・季節に合った装備を準備して

四国霊場の一寺、三角寺

楽しい登山を楽しむことが大切だろう。「学習」とは、登山に基づく生活習慣と体力作り、地図を読む習慣、事前の調査（地形図などでのインドア登山で地形などを十分に理解しておく）、持参する装備と使いこなせる技術、観天望気、医療関係などを学ぶことだ。さらには、地形図に記載されている登山道は、通れない道が多数あり、地元の関係者に問い合わせることも必要だろう。

　ある時、山中で探し物をしている女性がいたので声をかけてみたところ、「目印のテープが見当たらないので探している」とか、見るからに疲れている1人歩きの登山者からは、「体調が悪いので、仲間には先行してもらった」と告げられ、驚いたことがある。いずれも、予め、山歩きの初歩的な知識や、コースについての事前の研究、必要な体力を身につけていれば、あり得ないことだろう。無計画に他の人について行くだけの登山も絶対に避けること。さらに、愛媛の山では、マムシやヤマカガシなどの毒蛇への対応も必要だ。被害を受けることは少ないが、見つけたらそっとしておくことが大切。夏場になるとブユやアブ、秋になると活発化するスズメバチなどへの対策も必要となる。

大川嶺を彩るミツバツツジ

本書の使い方

■日程　松山市、西条市、新居浜市、四国中央市、宇和島市などを起点に、アクセスを含めて、初級クラスの登山者が無理なく歩ける日程としています。

■歩行時間　登山の初心者が無理なく歩ける時間を想定しています。ただし休憩時間は含みません。

■歩行距離　2万5000分ノ1地形図から算出したおおよその距離を紹介しています。

■累積標高差　2万5000分ノ1地形図から算出したおおよその数値を紹介しています。は登りの総和、は下りの総和です。

■技術度　5段階で技術度・危険度を示しています（愛媛県の山の場合は3段階が最高ランク）。は登山の初心者向きのコースで、比較的安全に歩けるコース。は中級以上の登山経験が必要で、一部に岩場やすべりやすい場所があるものの、滑落や落石、転落の危険度は低いコース。は読図力があり、岩場を登る基本技術を身につけた中～上級者向きで、ハシゴやクサリ場など困難な岩場の通過があり、転落や滑落、落石の危険度があるコース。は登山に充分な経験があり、岩場や雪渓を安定して通過できる能力がある熟達者向き、危険度の高いクサリ場や道の不明瞭なやぶがあるコース。は登山全般に高い技術と経験が必要で、岩場や急な雪渓など、緊張を強いられる危険箇所が長く続き、滑落や転落の危険が極めて高いコースを示します。

■体力度　登山の消費エネルギー量を数値化することによって安全登山を提起する鹿屋体育大学・山本正嘉教授の研究成果をもとにランク付けしています。ランクは、①歩行時間、②歩行距離、③登りの累積標高差、④下りの累積標高差に一定の数値をかけ、その総和を求める「コース定数」に基づいて、10段階で示しています。が1、が2となります。通常、日帰りコースは「コース定数」が40以内で、～（1～3ランク）。激しい急坂や危険度の高いハシゴ場やクサリ場などがあるコースは、これに～（1～2ランク）をプラスしています。また、山中泊するコースの場合は、「コース定数」が40以上となり、泊数に応じて～もしくはそれ以上がプラスされます。紹介した「コース定数」は登山に必要なエネルギー量や水分補給量を算出することができるので、疲労の防止や熱中症予防に役立てることもできます。体力の消耗を防ぐには、下記の計算式で算出したエネルギー消費量（脱水量）の70～80％程度を補給するとよいでしょう。なお、夏など、暑い時期には脱水量はもう少し大きくなります。

時間の要素　距離の要素　重さの要素

行動中のエネルギー消費量（kcal）＝ 1.8×行動時間（h）＋ 0.3×歩行距離（km）＋ 10.0×上りの累積標高差（km）＋ 0.6×下りの累積標高差（km） × 体重（kg）＋ザック重量（kg）

＊kcalをmlに読み替えるとおおよその脱水量がわかります

山側の情報 ―「コース定数」　登山者側の情報

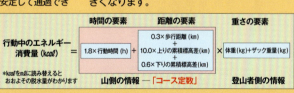

01

役小角由来の古くから歩かれた信仰の道を行く

石鎚山① 西之川～石鎚山

いしづちさん
1982m

日帰り

歩行時間6時間15分
歩行距離＝9km

技術度

体力度

コース定数＝23

標高差＝712m

累積標高差 ↗1087m ↘1087m

表参道の中継拠点成就。石鎚中宮社、旅館、売店がある

夜明峠から石鎚山を望む

火山列島日本にあって、四国は唯一活火山空白地帯だが、火山の痕跡は各地で見ることができる。たとえば、石鎚山の山頂一帯に露出する安山岩類がそれで、天狗岳《てんぐだけ》や南尖峰《みなみせんぽう》にそそり立つ柱状節理の鋸尾根は、なにより噴火活動を雄弁に物語る。さらに安山岩類を含む火砕流堆積物は、面河《おもご》渓谷を取り囲むように、直径およそ8キロのカルデラを形成している。とはいえ、およそ1500万年前の地質時代のできごとであり、そもそもカルデラ自体が地表に目に見える形で残っているわけではない。しかし石鎚山の地質図を見ると、環状のカルデラ全体像が一目瞭然で、石鎚山がカルデラ火山であることを裏づけている。そして、カルデラの縁に位置する石鎚山は、もしかして外輪山の名残では、と想像が膨らむ。ちなみに噴火による火砕流はおよそ40キロ離れた松山まで達していたという。

■鉄道・バス
往路・復路＝JR伊予西条駅からせとうちバスで石鎚ロープウェイ下車。山麓下谷駅からロープウェイで山頂成就駅へ。

■マイカー
松山自動車道いよ西条ICから国道11号、県道12号経由で西之川へ。所要約50分。有料駐車場あり。

■登山適期
ロープウェイが年中無休なのでオールシーズン楽しめる。人気の紅葉は山頂付近で9月下旬から10月中旬、成就で10月中・下旬ごろ。

■アドバイス
▽ロープウェイの運行時間は季節によって変わるので、事前の問合せが不可欠。
▽鎖場は慣れた人でないと危険。初心者は迂回路をすすめる。
▽2014年、二ノ鎖下に休憩所と公衆トイレ（有料）、2016年に石鎚神社二ノ鎖小屋（宿泊不可）がそれぞれ完成。休憩所は通年解放されており避難小屋としても使える。
▽下山口の石鎚山温泉（☎0897・59・0335）で汗を流せる。10～18時。宿泊もできる。要予約。

■問合せ先
西条市観光推進係☎0897・52・1690、せとうちバス周桑営業所☎0898・72・2211、石鎚登山ロープウェイ☎0897・59・

二ノ鎖から見た石鎚北壁の紅葉

火山起源という石鎚山のシャープな顔立ちは、一方で篤い信仰心をかきたてる。役小角による開山と伝わる奈良時代以降、山岳信仰のメッカとして栄え、今や日本七霊山のひとつに名を連ねるまでに発展を遂げている。しかしその陰で、石鎚山は社寺、城郭、船舶などの用材調達に身を削っている。

0331、白石旅館（成就）☎0897・59・0032、日の出屋旅館☎0897・59・0143（成就、7月1日〜10日のみの営業）、石鎚神社頂上山荘☎0897・55・4168（予約専用）

■2万5000分ノ1地形図
石鎚山・瓶ヶ森

記録によると、秀吉が京都に建てた方広寺大仏殿（焼失）や三十三間堂の棟木、四国霊場善通寺《ぜんつうじ》五重塔の心柱にも石鎚山の木材が使われている。なかには屋久島の縄文杉に匹敵する大杉もあったという。ツキノワグマが石鎚山から早々と姿を消したのは、決してこれらと無関係ではないだろう。

石鎚山の信仰登山が盛んになるのは江戸期からだが、それを後押ししたのが表参道の鎖場だ。今も石鎚山のシンボルとして信仰を支えている。400年以上の歴史を刻み、全国でも例がない長大な鎖を伝って西日本最高峰に挑んでみよう。

登山起点の**山頂成就《じょうじゅ》駅**から成就までの遊歩道は、比較的緩やかで、足慣らしにちょうどいい。**成就の石鎚神社拝殿**から、御神体の石鎚山に手を合わせたら神門《しんもん》をくぐる。いったん**八丁《はっちょう》鞍部**までだらだらと下るが、沿道にブナ天然林が残り、神域にふさわしい雰囲気が味わえる。途中、遥拝所を示す鳥居があり、ここからも石鎚山を拝むことができる。

八丁鞍部からの登り返しは木段が連続する。ステップを重ねながら高度を上げ、**前社森《ぜんじゃがもり》**で最初の鎖場

紅葉の時期はとりわけにぎわう弥山山頂

弥山から見た初冬の天狗岳

CHECK POINT

1 成就から八丁鞍部までは下り一方。かつてここに休憩小屋が建っていた

2 八丁鞍部から試しの鎖までは心臓破りの急な木段が連続する

3 試しの鎖は表参道最初の鎖場。前社森の岩峰を上下するが巻道もある

4 一ノ鎖を登る。鎖は左2本が登り、右2本が下り、それぞれ専用となっている

5 石鎚神社二ノ鎖小屋はふだんは閉じている。道をはさんで休憩所とトイレがある

6 二ノ鎖小屋から石段を登り鳥居をくぐって二ノ鎖に取り付く

7 弥山～天狗岳は岩稜伝い。一部ナイフリッジとなっているので、くれぐれも注意

8 西日本最高峰の天狗岳頂上。絶頂の岩の上に祠がちょこんと乗る

を迎える。行場の小岩峰に試しの鎖とよぶ、上り（48㍍）、下り（19㍍）の鎖がかかっている。下りはもちろん、上り以上に注意を要する。

ビューポイントの**夜《よ》明《あかし》峠**に出ると、**弥山《みせん》**を中心に、**北岳《きただけ》**（東《ひがし》ノ冠《かんむり》岳《だけ》）、天狗《てんぐ》岳《だけ》、南尖峰《みなみせんぽう》と、石鎚山の全容が望める。さらに一ノ鎖（33㍍）を越せば、ブナに代わってカエデ類が秋を彩る。

土小屋《つちごや》コースを合わせると二ノ鎖（65㍍）はもう目の前。**二ノ鎖小屋**上の鳥居から鎖に取り付く。斜度、高度ともいちだんと増すので、心して臨みたい。

三ノ鎖（68㍍）はさらにスリリング。一部鎖が宙に浮くが、ここを乗り切ればあとは心配ない。鎖を登り終えると**弥山**頂上だ。安堵感と達成感をかみしめたい。

天狗岳へは岩稜伝いとなるので、できればナイフリッジを避け、シラベの林縁をたどれば比較的安全だ。**天狗岳**頂上を極めたら往路を戻るが、各鎖場は迂回路を行く。

（文＋写真＝石川道夫）

西之川～天柱石～夜明峠～石鎚山

加茂《かも》川水系の御塔谷《おとうだに》を遡り、石鎚山の懐に分け入るコース。夜明峠まで、ロープウェイを使う表参道の倍以上の時間がかかるので、体力勝負の感は否めない。コース上の天柱石《てんちゅうせき》と穴薬師《あなやくし》は役行者や空海にゆかりが深く、石鎚山の数ある行場のなかでも、修験道の聖地として重要視されている。また本コースは石鎚三十六王子社巡拝路の一部でもあり、信仰の面影がそこかしこに残る。登路はおおむね明瞭で、道標も数多く設置されている。

西之川《にしのかわ》登山口からしばらく枝道が錯綜する。道標にしたがい**御塔谷**にかかる橋を渡り、岩原《いわはら》、**土小屋分岐**を経て再度橋を渡る。これ以降左岸を進む。第23番王子社をまつる**刀掛《かたながけ》**を上下して支流を渡るが、ここは橋が流され、徒渉を余儀なくされる。

八丁坂と土小屋の**十字分岐**をすぎると自然林が優勢となり、まもなく**天柱石**に着く。高さおよそ30㍍、深い森を突き抜けてそそり立つさまは神々しい。その先に空海が護摩修行をしたという穴薬師が控える。支尾根をまわってヤマシャクヤクの群生地をすぎると**夜明峠**だ。あとは石鎚山頂まで表参道をたどればよい。

左：登山口の西之川

下右：硬い安山岩でできた天柱石は、ブナ天然林の中に取り残されたようにそそり立っている

下左：穴薬師。天柱石から200㍍ほど先の登山道上方の岩屋に三十六王子社のひとつ、薬師如来が祀られている

■コースデータ

●歩行時間　7時間50分／●歩行距離＝7.5㌔／●標高差＝1552㍍／●累積標高差＝⊕1686m・⊖156m

■登山情報

●登山適期＝5月の新緑期と10月の紅葉期がベスト／●アドバイス＝▽下山は都合で表参道を選択してもよい。▽夜明峠手前のヤマシャクヤク開花期は、例年5月上～中旬。（アクセス・問合せ先は10㌻参照）

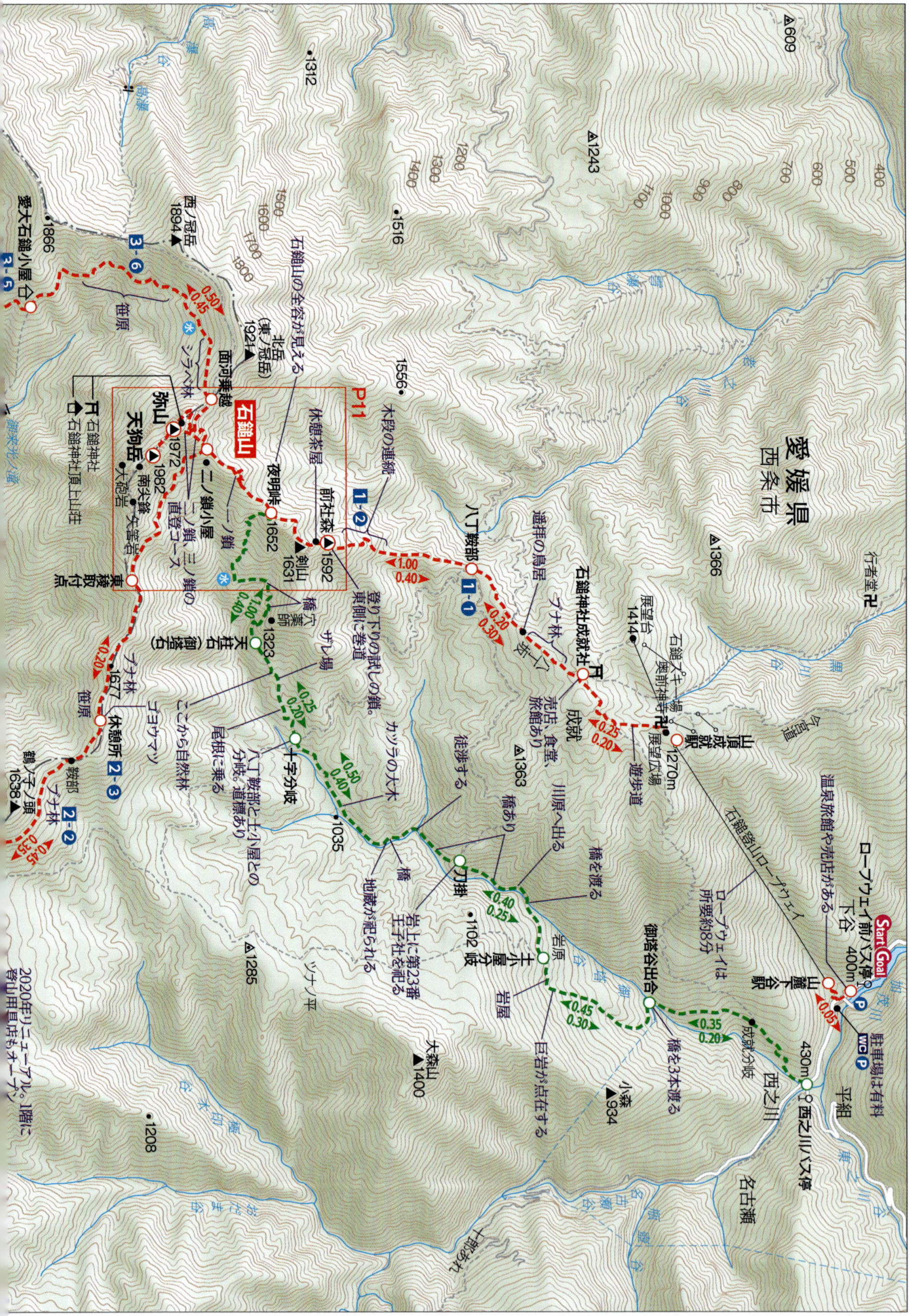
愛媛県
西条市
Start Goal
ロープウェイ前バス停
下谷
400m
山麓下谷駅
駐車場は有料
温泉旅館や売店がある
石鎚登山ロープウェイ
ロープウェイは所要約8分
平組
西之川バス停
430m
西之川
名古瀬
成就分岐
御塔谷出合
橋を3本渡る
小森
934
山頂成就駅
1270m
展望広場
遊歩道
今宮道
石鎚スキー場
奥前神寺
展望台
1414
1366
行者堂
石鎚神社成就社
成就
売店、食堂、旅館あり
ブナ林
遥拝の鳥居
八丁鞍部
八丁坂
木段の連続
前社森
1592
夜明峠
1652
剣山
1631
登り下りの試しの鎖
東側に巻道
休憩茶屋
P11
石鎚山
石鎚山の全容が見える
北岳
(東ノ冠岳)
1921
西ノ冠岳
1894
面河乗越
シラベ林
弥山
1972
天狗岳
1982
南尖峰
大砲岩
天柱岩
二ノ鎖小屋
二ノ鎖、三ノ鎖の直登コース
一ノ鎖
石鎚神社
石鎚神社頂上山荘
東稜取付点
ブナ林
笹原
1677
休憩所
ゴヨウマツ
鞍部
鶴ノ子ノ頭
1638
愛大石鎚小屋
1866
天柱石
(御塔石)
1323
試し
ここから自然林
尾根に乗る
ザレ場
十字分岐
八丁鞍部と土小屋との分岐。道標あり
カツラの大木
徒渉する
1363
1035
地蔵が祀られる
橋
刃掛
岩上に第23番王子社を祀る
1102
橋あり
川原へ出る
橋を渡る
土小屋分岐
岩原
岩屋
巨岩が点在する
1285
ツナノ平
大森山
1400
1208
2020年リニューアル、1階に登山用具店もオープン
1243
1312
1516
1556
609

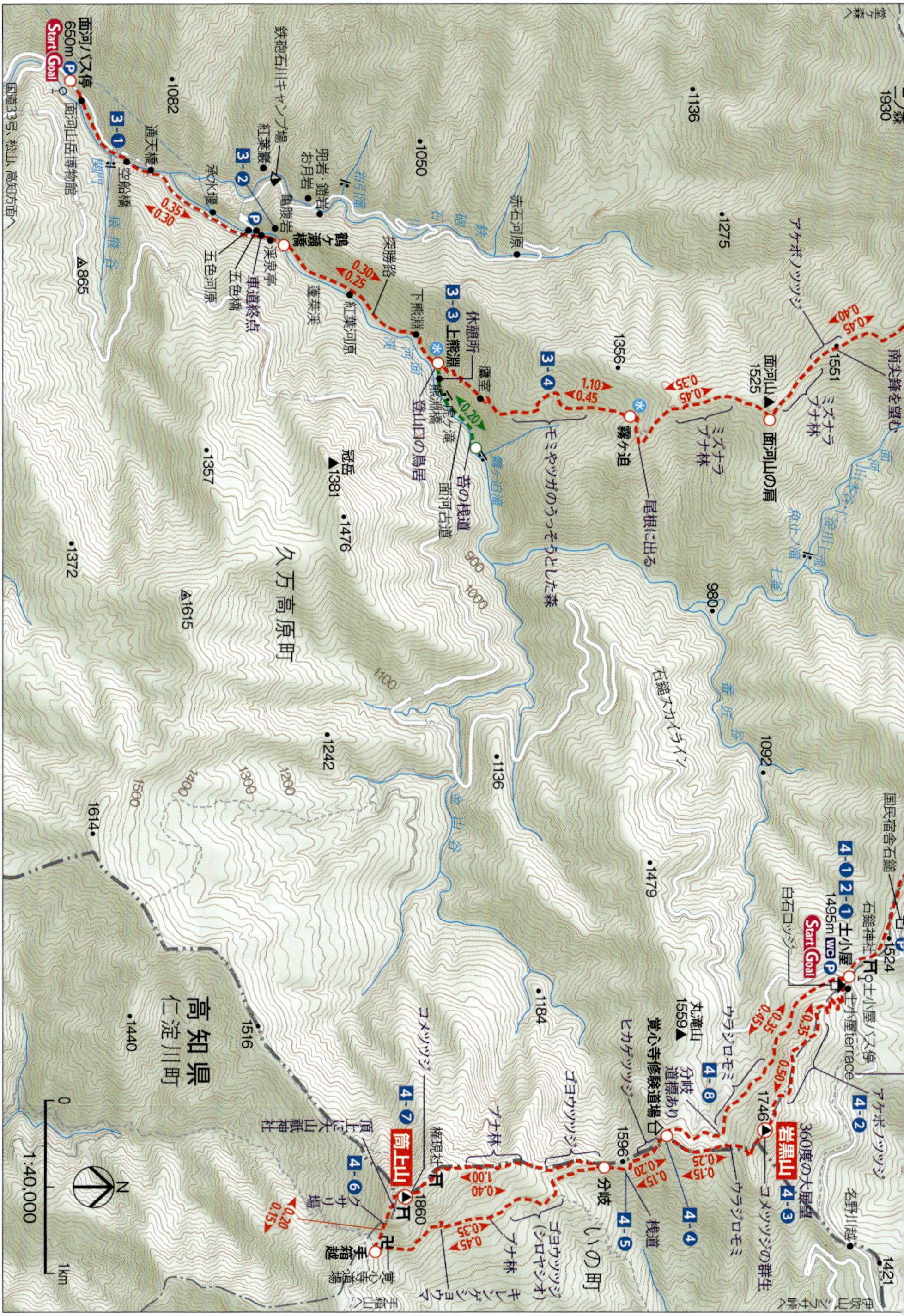
面河バス停
650m
国道33号、松山、高知方面へ
面河山岳博物館
通天橋
空船橋
承水堰
五色河原
五色橋
車道終点
渓泉亭
亀腹岩
鶴ヶ瀬橋
蓬莱渓
紅葉河原
鉄砲石川キャンプ場
紅葉館
兜岩・鎧岩
お月岩
赤石河原
探勝路
下熊淵
休憩所
上熊淵
鷹室
苔の桟道
面河古道
登山口の鳥居
霧ヶ迫
モミやツガのうっそうとした森
尾根に出る
面河山の肩
面河山
1525
ミズナラ
ブナ林
南尖峰を望む
アケボノツツジ
二ノ森
1930
冠岳
1381
久万高原町
高知県
仁淀川町
石鎚スカイライン
国民宿舎石鎚
石鎚神社
土小屋
1495m
白石ロッジ
土小屋バス停
土小屋terrace
丸滝山
1559
覚心寺修験道場
分岐
道標あり
岩黒山
1746
360度の大展望
コメツツジの群生
ウラジロモミ
コヨウツツジ
ブナ林
分岐
1596
桟道
いの町
筒上山
1860
権現社
頂上に大山祇神社
クサリ場
手箱越
手箱山へ
寛心寺道場
名野川越
1421
伊吹山、シラサ峠へ
堂ヶ森へ
1:40,000
0
1km
N

02

石鎚山② 土小屋～石鎚山

北壁直下のお花畑を楽しむ石鎚山への最短コース

いしづちさん 1982m

日帰り

歩行時間＝4時間45分
歩行距離＝9・0km

技術度

体力度

コース定数＝**17**

標高差＝487m

累積標高差 ↗813m ↘813m

鞍部から見た石鎚山とウラジロモミ林

石鎚山を目指すコース中では最短距離で、標高差も少なく、ロープウェイで登る表参道に次いで人気が高い。広大な面積を誇るブナ林や、北壁直下の高山性植物のお花畑を楽しめるのも大きな魅力だ。

石鎚神社**土小屋**遥拝殿《ようはいでん》の方向に進み、尾根に沿って石鎚山を目指すと、松脂の匂いが漂うウラジロモミ林が出迎えてくれる。5分も歩けば鶴《つる》ノ子《こ》ノ頭《かしら》への巻道だ。さらに20分ほど歩くとベンチのある鞍部に着く。

ルンゼに咲くナンゴククガイソウ

この先、笹原に覆われた道となり、木製階段が続く。道わきにはトゲアザミ、リンドウ、タカネオトギリなどの茎葉が顔をのぞかせる。やがてブナ林に変わり、10分ほど歩くと、ベンチが出てきて、広めの**休憩所**に着く。岩場からのびたゴヨウマツが自生している。後方には岩黒山《いわぐろやま》、筒上山《つつじょうざん》、手箱山《てばこやま》が眺められる。

尾根越に下っていくと、再びブナ林に出る。弥山《みせん》山頂や鎖場も見える。**東稜取付点**（鋸尾根）に差しかかると、山頂まであと1・5キロである。遠方の成就社なども眺められる。

ここから石鎚山の北壁直下を横

■鉄道・バス
往路・復路＝JR松山駅からJR四国バス落出行き、久万（くま）中前バス停下車、伊予鉄道南予バスに乗り換え、面河経由で終点の土小屋下車。土小屋行きは土・日曜、祝日限定、もしくはJR松山駅からJR四国バス落出行きに乗り、御三戸（みみど）下車、美川タクシー（予約が望ましい）で土小屋まで約1時間。

■マイカー
松山自動車道松山ICから国道33号、県道12号経由で石鎚スカイライン終点土小屋へ。所要約1時間30分。駐車場は無料。

■登山適期
5～11月上旬。4月は雪渓が残る。石鎚スカイラインは冬季（12～3月）通行止め。紅葉は山頂付近で9月下旬～10月上旬、土小屋で10月上・中旬ごろ。

■アドバイス
▽土小屋発のバス便は午後1本しかないので、事前にダイヤを確認すること。
▽鎖場は安全第一で無理をしないように。自信のない場合は迂回路をすすめる。
▽シコクフウロ、ツルギハナウド、オオトウヒレン、タカネオトギリ、レイジンソウ、シコクブシ、ヒメナツトウダイ、イシヅチイチゴ、バイケイソウ、ツクバネソウなど、石鎚

切るように進んでいく。標高は1700㍍を超えている。節理の発達した険しい岩盤を眺めると、足がすくむ感じがするほどスケールが大きい。二ノ鎖小屋までには、4本のルンゼ（谷）が登場する。ブナ林からダケカンバ林へと移行し、2番目の第3ルンゼは広めの沢。次の第2ルンゼからは上部に天狗岳が見える。いずれも高山性植物のお花畑となっていて、オオマルバノテンニンソウ、ミソガワソウ、ナンゴククガイソウ、シコクブシ、シコクフウロ、イシヅチウスバアザミ、ミヤマトウヒレンなどが一面に開花する。上部からの落石に注意しながら色とりどりの花鑑賞を楽しみたい。

土小屋の駐車場と石鎚山

　二ノ鎖小屋手前で、北面の表参道（西条市成就）と合流する。鳥居をくぐると**二ノ鎖**入口となり、新設された休憩所兼トイレがある。鎖場は、上部からの落石に注意を払いながら、手と足の確保を慎重に行えば大丈夫である。不安な場合は迂回路（巻道）を利用するとよい。三ノ鎖を経ると、頂上山荘のある**弥山**に着く。

　弥山から尾根伝いに15分も進めば、標高1982㍍、西日本最高峰の**天狗岳**である。ナイフリッジを行けば足もとがすくみ、スリル満点。危険を避けるなら、シラベの林（南側）の小道を選ぶといい。尖った岩場の天狗岳山頂には祠がちょこんと乗っている。もちろん、四方の展望もすばらしい。

　弥山からの下山は、鎖場を避けて、二ノ鎖から往路を引き返す。

（文＋写真＝岡山健仁）

＊コース図は14・15ページを参照。

CHECK POINT

1 土小屋登山道入口。ウラジロモミ林が出迎えてくれる

2 鶴ノ子ノ頭巻道のブナ林。ブナとササの二層で明るい森である

3 ヒメコマツ休憩所。石鎚山を眺めながらひと休みしていこう

4 第三ルンゼ。荒々しい崩壊地となっている

5 第二ルンゼ。夏はお花畑が一面に広がる

6 天狗岳山頂。尾根の岩場は風化しており、丸みをおびている

山では多くの高山性植物を見ることができ、夏の石鎚の風物詩として定着している。

▽国民宿舎古岩屋荘温泉（☎0892・41・0431）で汗を流せる。12～22時。宿泊もできる（要予約）。

■問合せ先

久万高原町ふるさと創生課☎0892・21・1111、面河山岳博物館☎0892・58・2130、伊予鉄南予バス久万営業所☎0892・21・0018、美川タクシー☎0892・56・0001、白石ロッジ☎0897・53・0007、渓泉亭☎0892・58・2511、国民宿舎石鎚☎0897・58・0005、土小屋terrace☎0897・53・0006、石鎚神社頂上山荘☎0897・55・4168

■2万5000分ノ1地形図

石鎚山・瓶ヶ森

西日本を代表する面河渓谷紅葉河原

03

石鎚山③ 面河渓～石鎚山

石鎚最後の原生林を探勝するロングコース

いしづちさん 1982m

日帰り

歩行時間＝9時間20分
歩行距離＝19km

技術度 ２／５

体力度 ２／５

コース定数	＝36
標高差	＝1332m
累積標高差	↗1843m ↘1843m

古くから登られていた石鎚山の登拝路のひとつで、石鎚スカイラインが開通する以前は、南面からのメインルートとして親しまれていた。距離があり、相応の体力と長い歩行時間が必要だが、石鎚山本来の原生林が魅力のコースである。

面河バス停先の面河山岳博物館の駐車場を通り抜け、遊歩道を行く。関門（錦木《にしき》の滝、猿飛谷《さるとびたに》ともいう）に着いたら、天狗岳《てんぐだけ》火砕流堆積物（火成岩）が侵食されてできた峡谷が現れる。節理が発達し、約1500万年前の石鎚の火山活動の激しさを目の当たりにする。

空船橋《くうせんきょう》を経て、通天橋のたもとで車道と合流、承水堰《しょうすいぜき》を左に見て、五色河原、そして巨大な亀腹《かめばら》岩《いわ》が登山者の度肝を抜く。**鶴《つる》ケ背《せ》橋《ばし》**を渡り、上流に進むと、蓬莱渓《ほうらいけい》、紅葉河原、下熊淵《しもくまぶち》、**上《かみ》熊淵**の景勝が続き、石鎚山登山口にたどりつく。

石鎚神社の鳥居をくぐり、石段を上がると、面河渓を代表するモミとツガが中心の林に入る。20メートルを超える巨木や、赤朱色で肌がつるつるしたヒメシャラが目を引く。ジグザグの急坂を登ると、年中枯れることのない水場、**霧《きり》ケ迫《さこ》**にたどり着く。

ここからは尾根沿いに急登がしばらく続く。ピークを越えると樹林帯の隙間から東側に石鎚南面の南尖峰《みなみせんぽう》と幕岩が見え隠れする。モ

■鉄道・バス
往路・復路＝ＪＲ松山駅からＪＲ四国バス落出行きに乗り、久万（くま）中前下車、伊予鉄道南予バス久万営業所から面河行きに乗り換え、終点の面河バス停下車。もしくはＪＲ松山駅からＪＲ四国バス落出行きで御三戸（みみど）下車、美川タクシー（予約が望ましい）で面河山岳博物館まで約30分。

■マイカー
松山自動車道松山ICから国道33号、県道12号経由で山岳博物館手前の町営駐車場へ。所要約1時間30分。

■登山適期
5～11月上旬。紅葉は山頂付近で10月上旬ごろ。面河渓では11月上旬。

■アドバイス
▽面河渓関門で見られる川底の岩石は、「伊予の青石」とよばれる三波川変成岩の塩基性緑色片岩。石鎚山系の基盤でもある変成岩だ。
▽面河渓は昭和8年に国指定の史跡名勝天然記念物に、同30年に石鎚国定公園に指定されている。
▽亀腹岩には面河名物イワタケが着生している。表面は灰褐色で、裏面は黒色。中央に1本の突出物があり、花崗岩に付着している。数十年前までは、数少ない職人が垂直に切り立った岩壁に挑み、手製の縄1本にすがって採っていたという。
▽面河渓最上流の水呑獅子、虎ケ滝

面河山から石鎚山南尖鋒と幕岩を見上げる

ミ・ツガ林から冷温帯のブナやミズナラが現れる。**面河山近く（面河山肩）**になると巻道となり、緩やかな勾配の面河尾根に沿って北側を歩く。300年を超えるブナの巨木群がひしめき、西日本屈指の原生林を楽しむことができる。

登るにつれて御来光ノ滝が近くなり、斜面下から滝の轟音が聞こえてくる。ササとブナに囲まれた**愛大石鎚小屋**に着くと石鎚山の姿が鮮明になる。御来光の滝へ下りる小道も手前側にあるが、難路なので、安易に入らないこと。

道に沿って笹原を歩くが、シラベが現れる西《にし》ノ冠岳《かんむりだけ》と北岳《きただけ》（東ノ冠岳）との直下でいくつかのガレ場を通過する。毎年、大雨による崩壊も起きているので注意したい。仁淀川の最源流である滝つぼ型の小渓流はサンショウウオも棲息している。

シラベ林に入ると、弥山《みせん》の屹立した岩峰が前方に現れ、二ノ森分岐、**面河乗越**《おもごのっこし》と進み、弥山山腹を横切るように面河分岐まで上がる。**二ノ鎖**迂回路と合流し、三ノ鎖か迂回路を経て、頂上山荘のある**弥山**に立つ。

下山は往路を引き返す。長距離になる下りは特に慎重に。

（文＝岡山健仁＋写真＝石川道夫）

CHECK POINT

遊歩道に入ってすぐ廊下状の関門に出る。名の通り対岸に手が届きそうなくらい狭い

亀腹岩は高さ100㍍、幅200㍍の巨大な花崗岩の一枚岩で、迫力に圧倒される

上熊淵で探勝路と別れ、いよいよ登山道に入る。石段の鳥居が石鎚裏参道を示す

鷹室から霧ヶ迫までうっそうとした森を登る。モミ、ツガに落葉樹が混じる

ブナとダケカンバの森にたたずむ愛大石鎚小屋（平成18年再建）は通年利用可

愛大石鎚小屋からまもなく視界が開け、弥山岩峰に向かって笹原の山腹を行く

になると歩道はいっそう狭くなる。面河渓本谷ルートは長年落石で埋められ通行止めであったが、2011年、面河渓を愛する会によって「面河古道」が半世紀ぶりに復活。天下の絶景・霧ヶ迫滝まで通行が可能となった。

▽関門～虎ヶ滝の遊歩道沿いにかけてイロハモミジ、ウリハダカエデ、オオイタヤメイゲツ、カジカエデ、コハウチワカエデ、コミネカエデ、メグスリノキの紅葉が美しい。紅葉のピークは11月上旬。

▽御来光ノ滝は遭難者が出るくらい危険な場所。単独では避けたい。

▽弥山の石鎚神社頂上山荘（☎0897・55・4168）の宿泊もおすすめ。5～11月の営業。食堂は10～16時。

▽国民宿舎古岩屋荘温泉（☎0892・41・0431）で汗を流せる。

■**問合せ先**

久万高原町ふるさと創生課☎0892・21・1111、面河山岳博物館☎0892・58・2130、伊予鉄南予バス久万営業所☎0892・21・0018、美川タクシー☎0892・56・0001、渓泉亭☎0892・58・2511

■**2万5000分ノ1地形図**

石鎚山・面河渓

＊コース図は14・15ページ、11ページを参照。

04

アケボノツツジが咲きほころぶ5月に訪ねたい花の山

石鎚山④ 岩黒山・筒上山

いしづちさん
いわぐろやま　1746m
つつじょうざん　1860m

日帰り

歩行時間＝4時間
歩行距離＝8.5km

技術度　体力度

コース定数＝**16**

標高差＝365m

累積標高差　830m　830m

秋色の筒上山。山頂へは鎖を伝って登る

アケボノツツジの花が咲きそろう5月は、県下各地の山が一年で最も華やぐ季節。まだ冬の余韻が残る山肌を彩るピンクの花群は、自然の息吹きに満ちあふれ、訪れる人の心をとらえてやまない。

そんな山のひとつが、土小屋《つちごや》の背後にそびえる岩黒山だ。石鎚山と瓶《かめ》ヶ森《もり》を望む好位置にあり、両者を借景にアケボノツツジが観賞できるとあって、人気を博している。

一方、筒上山はドーム状の山容が印象的で、山頂直下に高知市の大峰《おおみね》宗覚心寺《かくしんじ》の修験道場を構えている。鎖を伝って登る山頂は、ササとコメツツジに包まれた別天地で、世俗とは無縁の神聖な雰囲気が漂う。

本コースは自然度が高く、ツツジのほかにも高山性植物、ブナやウラジロモミの森林美、紅葉など見るべきものは多い。さらには体力、技術に応じたコースを自由に選べるメリットもある。

登山口の**土小屋**からウラジロモミの中を登る。分岐を左に進み、尾根に乗ると、さっそくアケボノツツジが迎えてくれる。カメラに収めながら歩を進めよう。**岩黒山**の頂上は360度の展望がほしいままだ。

少し下って道標から尾根伝いに**覚心寺修験道場**に出る。このあたりからヒカゲツツジも目につく。道場の背後の行場には特に多く咲いている。桟道を通り、**分岐**で下山路となる筒上山の尾根コースを

■鉄道・バス
往路・復路＝JR松山駅からJRバス落出行き久万中学校前下車。学校前の伊予鉄南予バス久万営業所から同バスに乗り換えて土小屋へ。

■マイカー
石鎚スカイライン（16ﾍﾟｰｼﾞ）か松山自動車道いよ西条ICで降りて旧寒風山トンネル南口から町道瓶ヶ森線を経て土小屋へ。駐車無料。石鎚スカイラインと町道は12～3月間は閉鎖。

■登山適期
4月から11月までの間。ツツジ類は4月下旬から7月まで次々と咲く。

■アドバイス
▽石鎚スカイラインの通行時間は4・5月が7～19時、6・7・8月が7～20時、それ以外は7～18時。町道瓶ヶ森線は終日通行可。
▽筒上山は標高改定で1ﾒｰﾄﾙ高くなり笹ヶ峰と並んだ。
▽手箱山まで足をのばしても時間的に充分日帰り可能。

■問合せ先
久万高原町面河支所☎0892・58・2111、JR四国バス松山支店☎089・943・5015、伊予鉄南予バス久万営業所☎0892・21・0018、土小屋白石ロッジ☎0897・53・0007、国民宿舎石鎚☎0897・58・0005

■2万5000分ノ1地形図
筒上山・瓶ヶ森

見送って山腹道を行く。**手箱越**《てばこごえ》までブナの自然林となり、6月はゴヨウツツジ（シロヤシオ）、8月にはキレンゲショウマも見られる。

　林を抜けると再び覚心寺道場に出合う。高々と築かれた石垣に圧倒される。白い鳥居をくぐって鎖に取り付く。緊張するが、距離は短い。無難にこなして**筒上山**山頂へ出ると笹原が広がり、解放感このうえない。頂上の大山祇《おおやまづみ》神社に手を合わせたら、権現社を祀る小広い北峰でのんびりしたい。

　下山は北へ派生する尾根を下って**往路に合流**し。**覚心寺修験道場**から山腹道を進めば**土小屋**へいたる。（文＋写真＝石川道夫）

岩黒山のアケボノツツジ。後方は瓶ヶ森と西黒森（右）

CHECK POINT

1 登山口の土小屋。2020年にリニューアルした土小屋terraceが建つ

2 尾根に乗るとアケボノツツジが迎えてくれる。これよりしばらく花が楽しめる

3 コメツツジがとりまく岩黒山の頂上は、ぐるり360度、視界をさえぎるものがない

4 岩黒山から尾根伝いに覚心寺修験道場へ下る。建物背後の行場にヒカゲツツジが多い

5 覚心寺修験道場からの下りは一部桟道となる。近年劣化が目立つので、慎重に渡ろう

6 筒上山は鎖を伝って登るが、途中から補助ロープを使った方が安全だ

7 筒上山頂上に鎮座する大山祇神社。峰続きの北峰には権現社が建っている

8 帰路は覚心寺道場から岩黒山の山腹を横切っていく。ブナとウラジロモミの林間コースだ

＊コース図は14・15ページを参照。

二ノ森山頂から見た石鎚山南壁

05

石鎚山⑤

豊かな自然に包まれた県下第2の高峰と第1の高峰を結ぶ

一泊二日

堂ヶ森　どうがもり　1689m
二ノ森　にのもり　1929m
石鎚山　いしづちさん　1982m

1日目　歩行時間＝7時間　歩行距離＝12.5km
2日目　歩行時間＝2時間30分　歩行距離＝4.5km

技術度 ★★★☆☆
体力度 ★★★☆☆

コース定数＝**40**

標高差＝1567m

累積標高差 ↗2237m ↘1376m

石鎚山の頂に立つと、西に鞍瀬《くらせ》休憩所ノ頭《かしら》と堂ヶ森を背後にしたがえた二ノ森が頭ひとつ高く望まれる。前衛の面《おも》河尾根《ごおね》ノ頭《かしら》がじゃまをするが、深い面河の谷を隔てた高度感がすばらしい。

この山域は石鎚以東に比べ、マイナー感は否めないが、江戸後期には松山方面からの石鎚登拝道（西参道）として大いににぎわった。しかし長丁場にくわえ、明治期、面河コースの開発によってしだいに衰退。今は参詣者の姿はまったく見られないが、その反面、本来の静けさをとり戻している。

本コースは堂ヶ森～二ノ森間の豪快な笹尾根もさることながら、県下1位、2位の高峰を結ぶ、二ノ森～石鎚山間の手つかずの大自然も魅力だ。縦走登山の醍醐味をしみじみと味わえるだろう。

第1日　保井野《ほいの》集会所バス停から林道を道なりに**登山口**へ。谷沿いから雑木を折り返し、支尾根上の**から池**に着く。シャクナゲ尾根をたどり、水場からブナ林の急登をしのいで稜線に出ると視界が開ける。**梅《うめ》ヶ市《いち》コースを合わせ**、登り着いた**堂ヶ森**頂上は巨大な反射板が占拠。鞍瀬ノ頭と西《にし》ノ冠岳《かんむりたけ》の間に石鎚山がわずかに望める。

幕営地の鞍部へ下り、**五代《ごだい》の別《わか》れ**へ広大な笹尾根を登り返す。さらに鞍瀬《くらせ》ノ頭《かしら》を巻いてシラベの細尾根をたどれば、1等三角点を置く**二ノ森**頂上だ。喧騒とはまった

■**鉄道、バス**
往路＝JR壬生川駅からせとうちバスで保井野へ、所要約1時間。
復路＝石鎚山①（10～13ﾍﾟｰｼﾞ）、石鎚山②（16～17ﾍﾟｰｼﾞ）参照。

■**マイカー**
松山自動車道いよ小松ICまたは川内ICから国道11号落合橋で県道153号へ入り登山口へ。所要約40分、登山口に10台ほど駐車可。

■**登山適期**
5～11月が適期といえるが、厳冬期をはずせば冬山登山も楽しめる。高山性植物は6～8月が盛り。

■**アドバイス**
▽保井野集落はかつての石鎚登山基地。現在10人足らずが暮らしている。
▽西ノ冠岳下方の道沿いに初夏、高山植物のキバナノコマノツメやユキワリソウなどが咲くポイントがある。狭い範囲なので気をつけないと見落とす。

■**問合せ先**
せとうち周桑バス☎0898・72・5639、東予タクシー（壬生川駅）☎0898・64・2243、石鎚神社頂上山荘☎0897・55・4168、愛大堂ヶ森避難小屋☎089・963・2376、西条市観光推進係☎0897・52・1690

■**2万5000分ノ1地形図**
石鎚山・瓶ヶ森

ドウダンツツジの紅葉が映える堂ヶ森

く無縁の静かな頂である。行く手に石鎚山が招く。**西《にし》冠《かん》のコル**から山腹を横切る道を進むと、石鎚山の表情がしだいに険しくなる。笹原とシラベの美しいコントラストを眺めながら、面河コースを合わせ、表参道に合流すれば**弥《み》山《せん》**頂上はまもない。

第2日　表参道を下ればJR伊予西条駅、土小屋ならJR松山駅に出られる。

（文＋写真＝石川道夫）

CHECK POINT

1

雑木林をジグザグに折り返し支尾根上のから池に出る。林の奥に凹地がある

2

ブナの急登をしのいで脊梁に出たところで梅ヶ市コースに出合い、視界が開ける

3

マイクロウェーブ反射板が立つ堂ヶ森頂上。南面は緩やかだが、北面は急な断層崖だ

4

幕営地から横道を行くと愛大堂ヶ森避難小屋に行き着く。トイレは別棟

5

堂ヶ森から五代の別れにかけた笹尾根は広々として実に気分がいい

6

鞍瀬ノ頭を巻いて鞍部に出たら、あとはシラベの尾根をたどって二ノ森へ

7

西冠のコルからトラバース道に移る。弥山の岩峰がしだいに迫る

8

表参道に合流し、あとは三ノ鎖の迂回路を進めば、じき弥山に着く

N
0
500m
1:30,000
1250
高瀬渓
800
900
1000
1100
1200
1300
1400
1500
1600
1700
1800
1516
1333
14ジベーの地図に続く
笹原を横切っていく。
終始弥山の眺めよし
北岳
（東ノ冠岳）
1921
面河コース分岐
石鎚山
成就へ
5-7
5-8
0.35
0.30
0.20
0.15
西ノ冠岳
1894
弥山
石鎚神社頂上山荘
石鎚神社
1972
土小屋へ
天狗岳
1982
0.15
高瀑
西冠のコル
南尖峰
1521
尾根をはずれる
1866
面河尾根ノ頭
0.45
1.15
愛大石鎚小屋
秋は紅葉が美しい
御来光ノ滝
二ノ森
1930
鞍瀬ノ頭
1889
0.50
0.40
5-5
5-6
1321
0.35
0.25
面河川（本谷・仁淀川上流）
1等三角点
広い笹尾根
細尾根をたどる
五代の別れ
1551
窓越
1784
面河山
1525
久万高原町
1275
霧ヶ迫
1356
1690
1086
面河バス停へ

国道11号、伊予小松駅、壬生川駅へ
鞍瀬川
480
保井野集会所
Start
保井野集会所バス停
415m
保井野
1203
西条市
0.50
0.40
753
鞍瀬渓谷
515
登山口
WC
P
植林帯
971
950
1.15
0.40
道標から谷を渡る
夫婦滝
青滝山分岐
1077
雑木林
から池
5-1
青滝山
1304
0.50
0.30
シャクナゲ
相名峠
1156
1264
1219
幕営地
1599
ブナ林の急坂
6-8
水
6-6
堂ヶ森
梅ヶ市・保井野分岐
5-2
5-3
1689
愛大堂ヶ森避難小屋
1058
1468
0.30
0.20
6-7
5-4
6-5
人工林
6-4
笹原
マイクロウェーブの反射板
1600
6-3
2.30
1.20
1400
1500
1300
936
1275
旧登山道分岐
1405
6-2
Start
梅ヶ市登山口
755m
6-1
人工林
梅ヶ関谷
1200
六郎谷
1100
741
1000
900
1368
梅ヶ市
800
鼓ヶ滝
1020
川内ICへ
808
面河、通仙橋、久万へ

雄大な笹原にウラジロモミが点在する堂ヶ森山頂

06

石鎚国定公園西端にあるなだらかな準平原

堂ヶ森

どうがもり
1689m

日帰り

歩行時間＝4時間40分
歩行距離＝6・8km

技術度

体力度

コース定数	＝18
標高差	＝934m
累積標高差	上り 952m / 下り 952m

山頂付近から見たウラジロモミの純林

堂ヶ森は石鎚《いしづち》山系の西端であり、縦走の出発点の山である。体力と時間があれば二《に》ノ森《もり》を経て、天狗岳《てんぐだけ》、土小屋《つちごや》もしくは成就《じょうじゅ》へ縦走できる。久《く》万高原《まこうげん》町面河《おもご》地区の梅《うめ》ヶ市《いち》または西条《さいじょう》市丹原《たんばら》地区の保井《ほい》野《の》からの各ルートがあるが、ともに西の肩で出合う。

ここでは、梅ヶ市コースを紹介しよう。国道494号から標識にしたがい、県道153号を約1キロ先に進むと、登山口のある梅ヶ市に着く。古くは木地師集団で栄えていた集落だ。

梅ヶ市ルートは、2010年の土砂災害によりルートが変更されている。新コースは尾根伝いの道で、急峻で暗い植林の中を歩く。

登山口から、スギ林の広めの林道をしばらく進む。登りはじめて20分くらいで、林道から左に折れる分岐点がある。小沢に沿って平坦道を歩くと、やがて坂道になる。植生はウラジロガシ混じりの人工林だ。

登りはじめて約1時間、標高は1000メートルを超え、ブナも出てくる。平坦道が現れるものの、たちまち急登に移る。標高1300メートルを超えると、北面に三《みつ》ヶ森《もり》が林の隙間から眺められる。ブナ林に移行すると西に青滝山《あおたきやま》が、南に面河ダムが見えてくる。約2時間をすぎたところで、一気に展望のよい笹原に出る。

登り続けると、梅ヶ市からの沢沿いの旧道と合流する。さらに進むと**保井野方面との分岐点**に出合う。堂ヶ森山頂のウェーブ反射板が顔をのぞかせている。

反射板を巻くと**堂ヶ森**への頂稜である。大きな反射板の下に三角点が立つ。北面は絶壁だが、南面はなだらかな草地である。マイヅルソウなど希少な高山性植物があるため、踏みつけないよう注意したい。山頂からは四方の眺望が得られ、北に三ヶ森、高縄《たかなわ》半島、西に青滝山、皿《さら》ヶ嶺《みね》、東に鞍瀬《くらせ》ノ頭《かしら》、

■鉄道・バス
往路・復路＝JR松山駅からJR四国バス落出行きを利用、御三戸（みみど）下車、美川タクシー（予約が

堂ヶ森山頂から見た五代の別れ（遠くには石鎚山が見える）

石鎚山、南に大川嶺《おおかわみね》、五代《ごだい》ヶ森《もり》が眺められる。

堂ヶ森から東に下りたところに近年新設された避難小屋があり、小屋横の小さな沢で水が得られる。

下山は往路を引き返す。

（文＋写真＝岡山健仁）

CHECK POINT

1 梅ヶ市登山口の林道をしばらく進む

2 登りはじめて20分ほどで最初の分岐点を示す標識がある

3 植林の急登が続く登山道。道はしっかり残っている

4 堂ヶ森山頂手前からへ続く登山路。笹原を登る

5 堂ヶ森山頂手前から堂ヶ森（反射板）を眺める

6 笹原が広がる保井野分岐点

7 山頂直下の登山道は侵食.が著しく、ガレ場になっている

8 堂ヶ森三角点は反射板の下にある

望ましい）で約40分。

■マイカー

松山自動車道松山ICから国道33号、県道12号、国道494号経由で梅ヶ市へ。所要約80分。駐車スペースは狭いので要注意。

■登山適期

4～11月中旬。冬季や早春期は積雪あり。

■アドバイス

▽梅ヶ市最寄りの伊予鉄南予バス笠方・市口方面行きの妙（みょう）バス停は2016年9月末で運行停止になった。

▽沢沿いに進む六分峠方面の旧登山道は、台風水害に遭い、尾根に沿って登るコースに変更されている。

▽国道494号は冬季の積雪や自然災害による崩壊などで通行止めになることが多い。

▽ふもと近くの直瀬にある古岩屋天然温泉（☎0892・41・0431）で日帰り入浴ができる。12～22時。直瀬のふもと温泉友愛館（☎0892・31・0250）も利用可。13～19時。ただし、季節によっては営業日が変るので確認のこと。

■問合せ先

久万高原町ふるさと創生課☎0892・21・1111、せとうちバス周桑営業所☎0898・72・2211

■2万5000分ノ1地形図

面河渓・石鎚山

＊コース図は24・25ページを参照。

霧氷の花が咲く氷見二千石原と男山

07 雲上ノ楽園・氷見二千石原を擁す人気の高峰

瓶ヶ森

かめがもり 1897m

日帰り

歩行時間＝7時間45分
歩行距離＝15・0㎞

技術度
体力度

コース定数＝32
標高差＝1465m
累積標高差 ↗1744m ↘1744m

愛媛県には笹に覆われた山が数多あり、笹山特有の解放感と曲線美が感動と安らぎを与えてくれる。なかでも瓶ヶ森の氷見二千石原《ひみにせんごくはら》はその筆頭格。広大な笹原とウラジロモミや、点在する白骨樹、ミツバツツジが織りなすメルヘンチックな世界は「天空の楽園」とうたわれる。加えて、瓶ヶ森は石鎚山が最も絵になるところでもある。石鎚山に正対して緩やかに傾斜する緑のじゅうたんは、まさに天然の観覧席である。仮に笹原がこれとは違う方向に展開していたなら、その価値はきっと半減するであろう。自然の粋な計らいに感謝したい。

瓶ヶ森(女山)山頂へ広大な笹原を登る

氷見二千石原は、表面は穏やかだが、周囲は削がれたように切れ落ち、典型的な隆起準平原の様相を呈している。南北の斜面は岩肌がむきだし、特に南西壁は岩登りの隠れスポットでもある。

このように瓶ヶ森はソフトとハード、両面を兼ね備えた数少ない名峰といえる。ちなみに「氷見二千石原」の名は、西条市氷見の昔の石高に由来する。

西之川《にしのかわ》バス停から東之川《ひがしのかわ》の**登山口**まで林道を歩く。道標を確認して、東之川谷にかかる橋を渡る。これより台ヶ森《だいがもり》鞍部までおよそ1000㍍の高低差を登る。延々と続く植林に閉口するが、ここはひたすら耐えるのみ。中間点あたりでいったん傾斜が落ち着く。植林がつき、ブナが現れると、じき

■鉄道、バス
往路・復路＝JR伊予西条駅からせ

台ヶ森の**鞍部**に着く。

ひと休みしたら、アケボノツツジとシャクナゲの細尾根をたどる。

ウラジロモミの林、通称モミヶ平《なる》を抜け、東之川谷源流のアジサイ沢を渡る。夏はシコクフウロやシラヒゲソウ、ソバナなどの花が見られる。氷見二千石原はもう目の前である。第1キャンプ場前に出

氷見二千石原のツルギミツバツツジと石鎚山

とうちバス西之川行きで終点下車。所要約1時間。

■**マイカー**

松山自動車道いよ西条ICから国道11号加茂川橋交差点を左折、国道194号、県道12号を経て東之川へ。所要約50分。

■**登山適期**

イシヅチザクラが咲きはじめるゴールデンウィークから、紅葉や雲海が見られる11月初旬頃までが本格登山シーズン。積雪期の入山者は極めて稀。

■**アドバイス**

▽登山道は台風後、通行止めになるケースが多々あるので、事前の問合せが不可欠。

▽逆コースでもかまわないが、釜床谷の登りはけっこうきつい。

▽瓶ヶ森ヒュッテは建物の一部が取り壊され、その跡地に避難小屋とバイオトイレが新設されている。

▽マイカー登山の場合、瓶ヶ森駐車場から男山、女山をめぐる周回コースが一般的。所要約1時間

■**問合せ先**

西条市観光推進係☎0897・52・1690、せとうちバス周桑営業所☎0898・72・2211、瀬戸タクシー☎0897・56・1130

■**2万5000分ノ1地形図**

瓶ヶ森

雲海に浮かぶ荘厳な石鎚山。

ると広々した笹原に胸がすく。すぐ先の分岐を左にとれば、**瓶ヶ森**山頂の女山《めやま》にいたる。

下山は男山《おやま》を周って瓶壺《かめつぼ》へ向かう。男山までイシヅチザクラとツルギミツバツツジを愛でながら歩くことができる。**瓶《かめ》壺《つぼ》**に着いたら、清水でのどを潤すとよいだろう。

釜床谷の下降は急なうえにザレている。ハシゴとロープで危険を回避するが、浮き石に要注意だ。**鳥越《とりごえ》**の先で橋を渡り、**常住《じょうじゅう》**に出る。お堂跡の広場の片隅で、小さな蔵王権現がひっそりと修験の面影を伝えている。

小刻みにジグザグを重ねながら急下降し、ロープに頼ってザレ場を渡り林道に立つ。その先で林道をショートカットし、あとは名古瀬《なこせ》谷にかかる**猪《い》ノ谷《たに》橋**を渡れば、やがて**西之川**へ帰り着く。

（文＋写真＝石川道夫）

CHECK POINT

1

終点の西之川でバスを降り東之川林道を進み、瓶ヶ森登山口の標識から橋を渡る

2

単調な植林地の登りが1時間以上続く。高度を上げることに専念するしかない

3

植林が尽きるとやがてアケボノツツジやシャクナゲが咲く台ヶ森鞍部に出る

4

氷見二千石原の第1キャンプ場を下方に見送り、次の分岐を左にとって瓶ヶ森山頂へ

5

見晴らし抜群の瓶ヶ森(女山)頂上。三角点に石土宗総本山石中寺の名を刻む祠が鎮座

6

男山頂上に蔵王権現を収めた2つの祠が並ぶ。すぐ下に参籠所が建っている

7

氷見二千石原の末端にある瓶壺は笹原から湧く清水を溜める瓶ヶ森のオアシス

8

釜床谷の下りはところどころ道が荒れているが、ロープやハシゴで無難に通れる

9

鳥越は瓶ヶ森登拝の中継地で、子持権現の岩峰を越える行者道が分かれる

10

鳥越をすぎたらいくつか谷を渡りトラバース気味に常住へ向かう

11

常住。支尾根上に位置し、常住院と称する石中寺別院跡で今は更地になっている

12

いったん林道に出て、このあとすぐ登山道に戻る。振り返ると岩黒山が見える

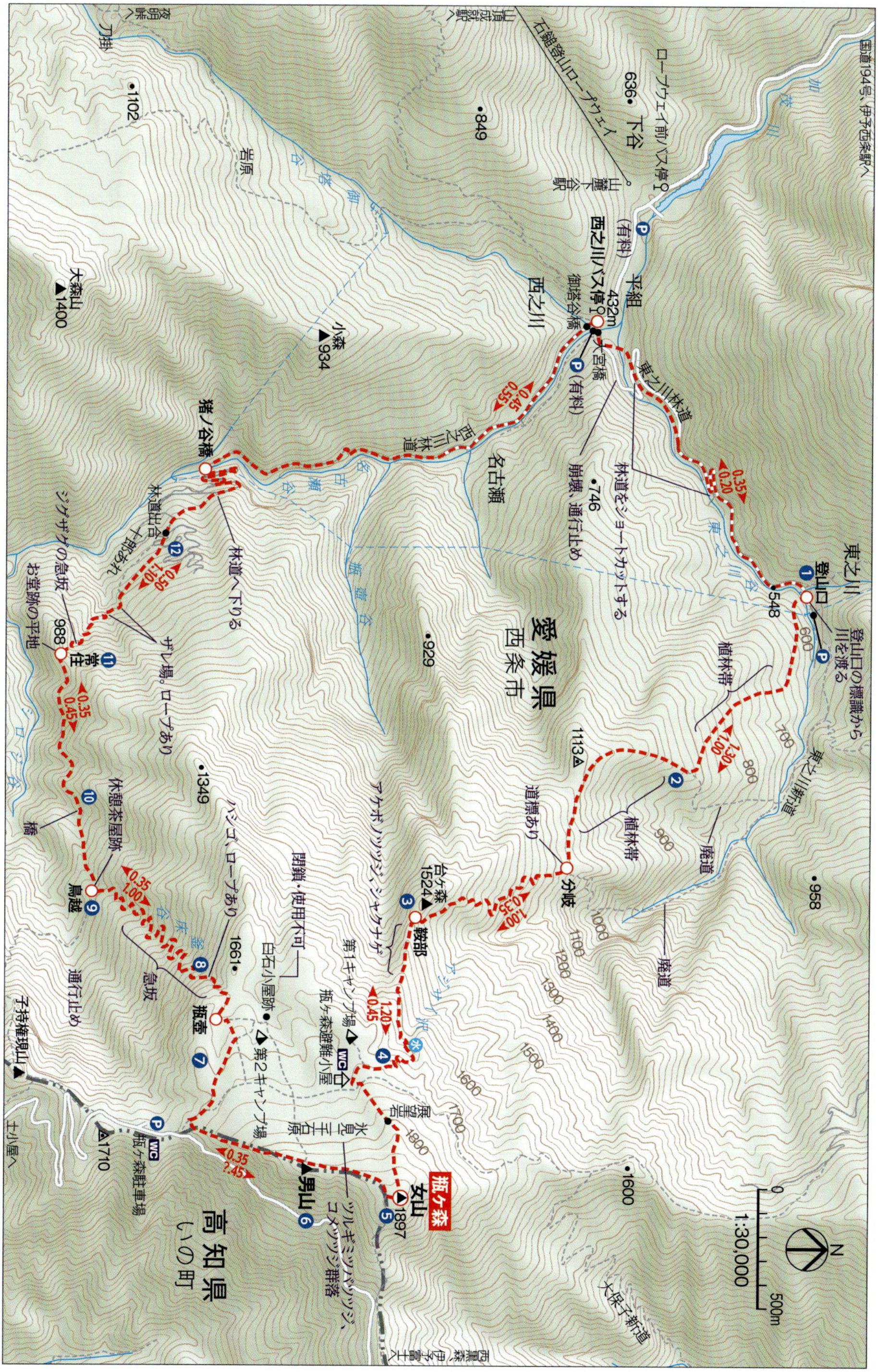

国道194号、伊予西条駅へ
ロープウェイ前バス停
636
下谷
石鎚登山ロープウェイ
山麓下谷駅
山頂成就駅へ
夜明峠へ
刀掛
1102
849
岩原
西之川バス停
(有料)
平組
432m
御塔谷橋
大宮橋
西之川
小森
934
大森山
1400
東之川林道
P (有料)
崩壊、通行止め
746
林道をショートカットする
0.35
0.20
0.55
0.45
西之川林道
名古瀬
猪ノ谷橋
林道出合
十郎谷
林道へ下りる
1.10
0.50
ジグザグの急坂
お堂跡の平地
988
常住
ザレ場。ロープあり
愛媛県
西条市
929
1349
東之川
登山口
548
登山口の標識から川を渡る
植林帯
1.30
1.00
東之川新道
0.35
0.45
1113
道標あり
植林帯
958
分岐
0.35
1.00
台ヶ森
1524
鞍部
廃道
廃道
アケボノツツジ、シャクナゲ
閉鎖・使用不可
ハシゴ、ロープあり
休憩茶屋跡
0.35
1.00
鳥越
橋
1661
急坂
瓶壺
通行止め
第1キャンプ場
瓶ヶ森避難小屋
白石小屋跡
第2キャンプ場
1.20
0.45
水
屋根岩
氷見二千石原
子持権現山
瓶ヶ森駐車場
1710
0.35
2.45
男山
女山
1897
瓶ヶ森
ツルギミツバツツジ、コメツツジ群落
高知県
いの町
1600
土小屋へ
大保木新道
西条・伊予富士へ
1:30,000
0
500m
N

08

石鎚連峰の大パノラマが堪能できる頂稜を行く

伊予富士・東黒森

いよふじ 1756m
ひがしくろもり 1735m

日帰り

歩行時間＝5時間
歩行距離＝9・5㎞

技術度

体力度

コース定数 ＝20

標高差 ＝636m

累積標高差 ↗1074m ↘1074m

霧氷に包まれた初冬の伊予富士

鷹ノ巣山の鞍部を越すと伊予富士が姿を見せる

「富士」といえば秀麗な山の代名詞だが、伊予富士にはそれがあてはまらない。コース上から見る限り左右に長く裾を引くわけでなく、まして独立峰でもない。誰もが山名に違和感を覚えるであろう。南北方向から見ると確かに富士に似ているが、それにしても愛媛県人が「これぞおらが富士」と自慢できる山容にはほど遠い。

しかし姿形はどうであれ、「富士」と名がつけば一度は登ってみたくなるもの。360度さえわたる大パノラマこそ、この山の真骨頂。堂《どう》ケ森《もり》から平家平《へいけだいら》にいたる石《いし》鎚《づち》連峰の主な17座のうち、西端の堂ケ森を除いた16座を望むことができるのは伊予富士をおいてほかにない。山頂に立ってはじめて富士らしさを実感する。さらに西隣りの東黒森を結べば、より充実した展望ハイキングがかなうだろう。

町道瓶《かめ》ケ森《もり》線の起点、**旧寒風山《かんぷうざん》トンネル南口**（高知県側）からスタートする。いきなりの急登に息がはずむが、やがてジグザグ道に変わり、いくぶん傾斜が緩む。ミズナラ主体の落葉樹林を抜け、右へ山腹を横切るように進むと**桑瀬《くわせ》峠**に着く。予土《よど》往還のかつての要衝だが、愛媛県側の道は今では廃

■**鉄道・バス**

登山口はバス停から遠いので、マイカーあるいはタクシーに限る。

■**マイカー**

往路・復路＝松山自動車道いよ西条ICから国道11号の加茂川橋交差点を左折、国道194号の新寒風山トンネル北口（愛媛側）または南口（高知側）から旧国道に入り登山口へ。登山口に無料駐車場（収容約50台）あり。

■**登山適期**

季節を問わないが、眺めのよさが売りなので、大気が澄む秋がベスト。

■**アドバイス**

▽給水は東黒森手前の町道分岐から5～6分下れば水場に出る。

▽紹介コースのほか、寒風山とセットの健脚向き、または伊予富士直下の町道瓶ケ森線を起点に両峰を往復する初級者向けコースもある。

▽スノーハイクの場合、厳冬期を除けばさして支障ない。もちろんアイゼン、ピッケルなど周到な装備は不可欠。なお、町道瓶ケ森線は冬期（12～3月）閉鎖となる。

▽伊予富士の南肩にツクシシャクナゲの小群落がある。

■**問合せ先**

西条市観光推進係☎0897・52・1690、いの町本川総合支所☎088・869・2111

■**2万5000分ノ1地形図**

日ノ浦・瓶ケ森

道同然だ。峠を吹き抜ける風が、汗ばむ体に心地よい。ここでひと息入れよう。

いかつい顔の寒風山を振り返りつつ南へ稜線をたどる。高度が上がると寒風山の奥に笹《ささ》ヶ峰《みね》とちち山《やま》が仲良く顔をのぞかせる。稜線の西側でブナの大木を愛で、支尾根を越すとコブを連ねた伊予富士の頂稜線を望むことができる。進むにつれ両肩を怒らし威圧感が増す。山頂直下の**広い鞍部**は、幕営の誘惑にかられるほど心やすらぐところだ。ここから急登をしのいで**伊予富士**頂上に立てば、絶佳の展望をほしいままにできる。存分に堪能したい。

山頂からは、**町道分岐**まで緩やかに下り、登り返すと**東黒森**山頂に立つ。再びパノラマが得られる。下山は往路を戻る。

（文＋写真＝石川道夫）

伊予富士から笹ヶ峰、ちち山、遠く赤石山系を望む

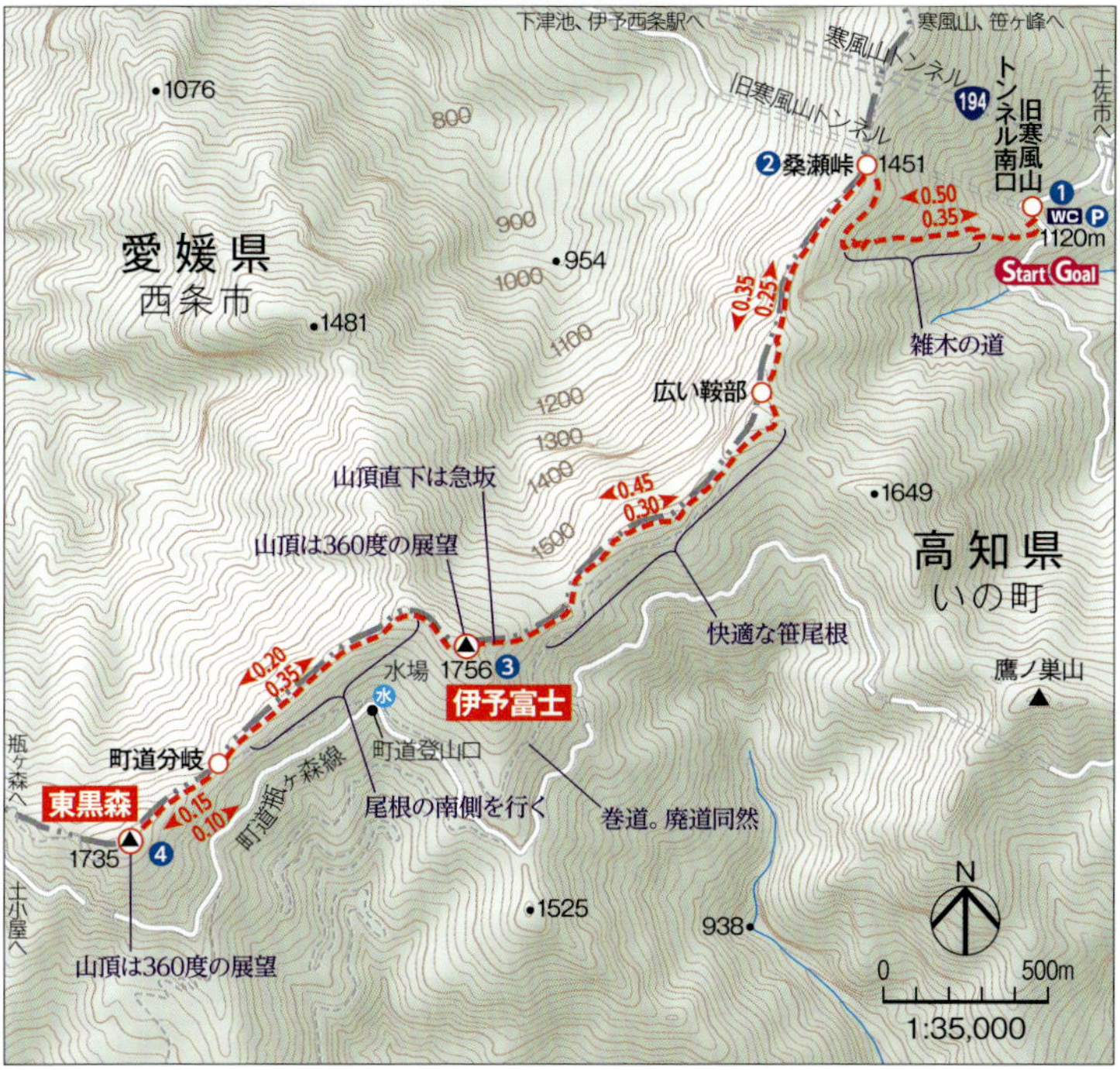

CHECK POINT

高知県側の旧寒風山トンネル南口から登る。駐車場、トイレ、季節営業の寒風茶屋がある

桑瀬峠は誰もが心が休まるところ。峠らしい雰囲気が残るのは石鎚連峰でここだけだ

伊予富士頂上からの大パノラマはまさに絶品。山岳風景を存分に楽しんでいこう

東黒森は伊予富士よりも20メートルほど低いが、眺めはよく伊予富士と違う趣がある

寒風山（右奥）秋景。ツツジとカエデが彩る

09

日帰り

一年を通して登れる人気峰からコメツツジの殿堂を目指す

笹ヶ峰① 寒風山・笹ヶ峰

かんぷうざん 1763m
ささがみね 1860m

歩行時間=6時間25分
歩行距離=10.0km

技術度
体力度

コース定数	=24
標高差	=740m
累積標高差	↗1143m ↘1143m

寒風山西面の岩場にナンゴクミネカエデやアケボノツツジの紅葉がよく映える

石鎚連峰の脊梁は、桑瀬峠《くわせとうげ》から真北に向きを変え、寒風山へと続く。それに沿う西斜面は岩がそそり立ち、険しい表情を見せる。切れ落ちた岩場は、寒風の名が示すように、風あたりが強いうえに雲霧がしばしば発生し、夏でも比較的冷涼である。

こういった特殊な環境下では高山植物がよく育つが、実際、希少種のテバコマンテマをはじめ、ユキワリソウ、タカネマツムシソウ、シモツケソウなどが岩壁にしがみつくように生えている。また尾根筋にはオオヤマレンゲ、イシヅチザクラ、シャクナゲ、アケボノツツジなど、種々の花木が見られる。

このほか、秋はドウダンツツジとナンゴクミネカエデの紅葉、冬は霧氷と、いずれも第一級の景色を披露してくれる。

旧寒風山トンネル南口から**桑瀬峠**へ登り着いたら、尾根伝いに北上。樹林を抜け、尾根の西側に移ったところで寒風山の全容が望める。2つの**岩峰**の奥に控えるなだらかな笹原が山頂だ。ここから垂直に切れ落ちた岩壁の様がよくわかる。

沿道にブナが目立つようになるとシャクナゲに続いてイシヅチザクラ、オオヤマレンゲ、アケボノツツジが現れる。ロープにすがり、ハシゴを上下しながら崖の縁に沿

■鉄道、バス
往路・復路＝路線バスは使えない。

笹ヶ峰から見た石鎚連峰の冬景色

って登るが、コース整備はいたれりつくせりで、危険度は低い。

笹原に出れば**寒風山**は近い。先に見た通り、山頂はササに覆われ、落ち着いた雰囲気だ。笹ヶ峰とち山が指呼される。笹ヶ峰はここからの眺めが最上だろう。

展望ポイントまで尾根の東寄りを進む。途中のやせ尾根はロープで難なく切り抜ける。この間、秋はナンゴクミネカエデの紅葉が美しい。コブを左に巻いて西斜面の笹原を横切るように登れば**笹ヶ峰**に着く。

下山は往路を戻る。

（文＋写真＝石川道夫）

CHECK POINT

1

かつての予土の往還に利用された桑瀬峠。愛媛側の峠道は廃道と化している

2

桑瀬峠から少し登った笹尾根に咲くアケボノツツジ。後方に伊予富士

3

登山道は全般によく整備されている。危険箇所はハシゴやロープがある

4

寒風山頂上に三角点はなく、自然環境保全地域を示す看板が立っている

5

笹ヶ峰へは尾根をからみながら進む。途中の岩場にはロープがあり心配ない

6

縦走路が尾根の北寄りに移り丸山荘からのコースに合うと、笹ヶ峰頂上まで残りわずか

マイカーあるいはタクシーに限る。

■マイカー

松山自動車道いよ西条ICから国道11号の加茂川橋交差点を左折、国道194号の新寒風山トンネルを抜けて旧国道を登山口へ。所要約40分。

■登山適期

オールシーズン楽しめるが、厳冬期はできれば避けたい。5、6月はアケボノツツジとオオヤマレンゲ。紅葉は10月上・中旬ごろ。霧氷は10月下旬以降。

■アドバイス

▽山頂手前から左上がりの踏跡をたどり尾根に出ると、瓶ヶ森方面がきれいに見わたせる。尾根筋にアケボノツツジ、下方の岩場にテバコマンテマ（花期8月）が咲く。

▽帰りは笹ヶ峰から尾根伝いに高知側の林道寒風大座礼線へ出て、登山口に戻ってもよい。林道を3キロ歩くが、往復より30分程度時間短縮できる。

▽霧氷見物は桑瀬峠近辺で充分楽しめる。初冬であればさして危険はないが、初級者は経験者同行が望ましい。

■問合せ先

西条市観光推進係☎0897・52・1690、瀬戸タクシー☎0897・56・1130

■2万5000分ノ1地形図

日ノ浦

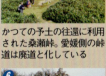

マイントピア別子、新居浜ICへ
11-2
無線中継所
土山越
ザレ場
大永山トンネル
0.40
0.30
11-1
大永山トンネル登山口
985m
Start Goal
928
47
1218
862
下七番谷
別子ダム、伊予三島へ
1261
0.20
0.15
尾根の南寄りを進む
鞍部。道標あり
馬道の別れ
旧馬道
舟窪
尾根に乗る
0.40
0.25
981
0.20
0.25
山ノ神
(大山祇神社)
私設の作業道
中七番
平家橋
中七番登山口
住友の森 フォレスターハウス
870m
Start Goal
七番谷川
900
978
旧馬道
ブナの巨木
1482
獅子舞の鼻
1.00
0.40
アケボノツツジ群生
1013
橋を渡る
0.40
0.35
通行禁止
鉄塔
ハシゴ
鉄塔
谷分岐
12-1
0.50
0.40
尾根
1248
平家谷
1000
ナスビ平
登山道崩壊
通行禁止
0.50
0.40
鉄塔
愛媛県
新居浜市
1100
巡視路
伐採地
東・西赤石山、
二ツ岳を望む
12-2
三ツ森山
1619
0.20
0.15
1200
道標あり
ブナの自然林
巡視路分岐
12-3
1543
一ノ谷越
1300
1400
ブナの大木
1500
笹尾根のパノラマコース
コメツツジ、ミツバツツジ
0.50
0.40
0.20
0.30
1600
1700
冠山
1732
0.50
1671
平家平
12-5
1693
12-4
狭い山頂
展望はよくない
広々とした山頂
360度の展望
大川村
1617
1457
1429
足谷川
足谷川登山口
林道寒風大座礼線
1182
1487
N
0
500m
1:30,000

笹掛山、黒森山へ
下津池、伊予西条駅へ
10-1 登山口
1005m
Start Goal
10-2 宿
1300
橋を渡る
ヒノキの植林帯
1448 西山越
ブナ林
10-3
1259
土山谷川
中鈴尾谷川
東鈴尾谷川
夏は花が多い
もみじ谷
オオイタヤメイゲツの純林
丸山荘
10-4
1454
ちち山 11-6
1855
11-3
西条市
10-5
視界が開ける
10-7
もみじ谷鞍部
10-8
11-4
分岐
1766
道標あり
9-6
山頂一帯はコメツツジが群生
笹ヶ峰
1860 10-6 11-5
1等三角点。360度の展望 山頂に不動明王が祀られる
ちち山の別れ
12-6
笹ヶ尾根
一ノ谷分岐
1577
山頂一帯は コメツツジが群生
1740
コブを西に巻く
笹ヶ峰の展望よし
9-5
1470
1216
平坦な道
紅葉が美しい
1651
南面ルート
高知県
いの町
やせ尾根、ロープあり
1084
1151
寒風山
1763
9-4
笹ヶ峰、ちち山の 展望
急崖
展望よし
岩峰
ハシゴ、ロープ 数箇所あり
9-3
長又川
ブナ林
林道寒風大座礼線
1103
1036
急崖
寒風西壁を 望む
9-2
1028
9-1 桑瀬峠
1451
旧寒風山トンネル
寒風山トンネル
WC
旧寒風山トンネル南口
1120m
194
桑瀬川
一の谷
雑木の道
道ノ駅木の香、大橋貯水池へ

10

コメツツジに囲まれた1等三角点を置く石鎚連峰の重鎮

笹ヶ峰②

ささがみね
1860m

日帰り

歩行時間＝4時間10分
歩行距離＝7・2km

技術度
体力度

コース定数＝17
標高差＝855m
累積標高差 850m 850m

古来、伊予《いよ》三名山と称えられる石鎚山《いしづちさん》、瓶《かめ》ヶ森《もり》、笹ヶ峰は、名実ともに、愛媛県下はもとより、四国山岳の中核を担う面々である。それぞれ性格が異なるが、あえてひと言で表すなら、石鎚山が「父なる山」、笹ヶ峰は「母なる山」、その両方を併せもつのが瓶ヶ森といえよう。三者三様の特徴を備えている中で、信仰の山という点で三山は一致する。とりわけ笹ヶ峰は里にいちばん近いせいか、石鎚山、瓶ヶ森に先駆けて信仰の対象となった。つまり山岳信仰の発祥地という古い由緒が伝わる。今は精彩を欠くが、往時は信仰登山が盛んに行われていたようだ。

1等三角点を置く山頂は、文字通りササに覆われ、しなやかなスカイラインを描いている。その広々とした頂稜に発達したコメツツジ群落は県下最大規模。笹原とあいまって自然庭園をなし、訪れる人を魅了している。俗化を免れた自然環境はもちろん、どっしりとした山容といい、由緒ある歴史伝統といい、笹ヶ峰は石鎚連峰の重鎮にふさわしいたたずまいである。

登山口は笹ヶ峰林道の標高1000メートル地点。宿まで谷沿いに登る。**宿**《しゅく》は別子《べっし》銅山用の木炭中継地跡で、当時の石垣などが残る。ちなみに木炭は遠く伊予富士方面から馬で運ばれたという。その馬道が谷の向こうに痕跡をとどめている。

橋を渡ると一変してブナ自然林となり、清々しい気分に浸れる。やがて木造総2階建ての豪壮な**丸**《まる》**山**《やま》**荘**に着く。校舎風のたたずまいは、どこか懐かしさを感じる。視線を上げると笹ヶ峰が大きい。丸山荘を眼下に、ササの大斜面

山頂に咲くシコクフウロ

もみじ谷のシモツケソウ

■**鉄道・バス**
往路・復路＝下津池まで路線バスを利用できるが、そのあとは登山口まで歩いて2時間ほどかかる。

■**マイカー**
松山自動車道いよ西条ICから国道11号、同194号を経て下津池から笹ヶ峰林道に入る。林道後半は未舗装で、一部路面が荒れている。所要約1時間。登山口に7～8台駐車可。

■**登山適期**
通年親しまれている。夏花は稜線部でシコクフウロ、タカネオトギリ、もみじ谷はナンゴククガイソウ、シモツケソウなどが主。コメツツジの紅葉は10月中・下旬ごろ。

■**アドバイス**
▽丸山荘は管理人常駐ではない。宿泊は予約が必要。
▽歩き足りない人は、帰りに前衛の沓掛山を周るコースがおすすめ。初夏にはアケボノツツジが見られる。
▽笹ヶ峰は自然環境保全地域に指定されているが、石鎚国定公園には含まれていない。
▽問合せ先
西条市観光推進係☎0897・52・1690、せとうちバス周桑営業所☎0898・72・2211、丸山荘☎0897・57・7855（不定期営業）

■**2万5000分ノ1地形図**
日ノ浦・別子銅山

注：笹ヶ峰林道は工事のため2021年11月30日まで登山道手前2キロまでしか入れない。

コメツツジが彩る笹ヶ峰山頂から石鎚連峰を望む

をジグザグに刻み、寒風山《かんぷうざん》からの縦走路を合わせると、頂上まではあとひと息。コメツツジがとりまく**笹ヶ峰**山頂は解放的で、何とも居心地がいい。

下山はもみじ谷経由で丸山荘へ出る。もみじ谷ではオオイタヤメイゲツの純林をはじめ、種々の高山性植物を見ることができる。**丸山荘**からは来た道を引き返す。

（文＋写真＝石川道夫）

CHECK POINT

1 林道広場に車を停めて、標識や看板、案内図が立ち並ぶ登山口から登りはじめる

2 休憩ポイントの宿。かつて別子銅山で使う木炭が、ここから西山越えを経て運ばれた

3 ヒノキが林立する宿から橋を渡りブナ自然林に入る。原生の雰囲気を唯一味わえるところだ

4 丸山荘に着くと笹ヶ峰のなだらかな頂稜線が見える。小屋のそばにキャンプ場もある

5 樹林帯を抜けた途端、一面の笹原が広がり日差しをまともに受ける

6 山頂の高さ1㍍余の石積み上部に、修験の山を示す不動明王が安置されている

7 山頂から東の肩へ下り、さらにシラベ林の縁に沿ってもみじ谷鞍部へ出る

8 もみじ谷鞍部を左に下り、オオイタヤメイゲツの純林を見て丸山荘で往路に合流

＊コース図は36・37㌻を参照。

11 笹ヶ峰③ 笹ヶ峰・ちち山

日帰り

別子銅山ゆかりの馬道を歩き、アケボノツツジの頂稜へ

ささがみね 1860m
ちちやま 1855m

歩行時間＝6時間40分
歩行距離＝12・5km

技術度 ★★☆☆☆
体力度 ★★☆☆☆

コース定数	＝25
標高差	＝875m
累積標高差	↗1217m ↘1217m

獅子舞の鼻からちち山の別れ（左の笹尾根）とちち山（右端）を望む

獅子舞の鼻の手前にそびえる幹周り4メートルを超す巨大ブナ

東西南北に開かれた笹ヶ峰登山コースのうち、東の新居浜《にいはま》市から別子銅山《べっしどうざん》ゆかりの馬道をたどり、笹ヶ峰とちち山をめぐるプラン。本コースは平成2年、大永山《だいえいざん》トンネルの開通を機に注目を集め、今では他のコースに勝るとも劣らない人気を得ている。便利なアクセスに加え、アケボノツツジ、ブナの巨木、紅葉、広潤な笹尾根、大パノラマと、多彩なメニューが売り。なかでもアケボノツツジと紅葉は見ごたえがある。

ちち山は笹ヶ峰の名声に隠れているが、蔵王権現を祀る信仰の山で、山名は、笹ヶ峰（母山）に対する、ちち（父）山と思われる。大岩が鎮座する山頂からの眺望はすこぶるいい。また、ちち山は石《いし》鎚山《づちさん》、瓶《かめ》ヶ森《もり》、笹ヶ峰を結ぶ直線上に位置し、頂上に立つと三名山のピークが絶妙に重なる。

登山口は大永山トンネル南口（別子側）から住友林業の私設作業道に入ってすぐ右手。七番谷川《しちばんだにかわ》をつめて道標が立つ馬道を左にとり、**土山越**《つちやまごえ》（大坂屋敷越）に出る。尾根の南寄りを進み、狭い鞍部に出たところが**馬道の別れ**で、ナスビ平に通じる水平道が分かれる。線状凹地の舟窪の先から左の尾根に乗り、4等三角点が置かれた**獅**《し》

■**鉄道　バス**
往路・復路＝JR新居浜駅発の地域バスは本数（1日4便）が少ないう

アケボノツツジが咲き誇る獅子舞の鼻

もみじ谷鞍部からちち山を振り返る

子舞《しまい》の鼻《はな》までブナ自然林を登る。三角点手前の窪地に、これまでと桁違いの、幹周り4㍍超のブナの巨木がそびえる。続いて華やかなアケボノツツジが迎えてくれる。春爛漫の気分を味わって、脊梁に登り着いたところが**ちち山の別れ**だ。ここからもみじ谷の鞍部まで山腹を横切り、さらにシコクシラべの縁に沿って笹ヶ峰の東肩に出る。あとはコメツツジの中を緩やかに進むと**笹ヶ峰**頂上にいたる。

ちち山へはもみじ谷の鞍部の先から急勾配をひと踏ん張り。頂上にステンレス製の祠が座る。

下山は東へ、笹原の踏跡をたどれば往路のトラバース道に合流する。

（文＋写真＝石川道夫）

CHECK POINT

1 大永山トンネル南口に車を停め、住友林業の私設作業道に入ったところが登山口

2 土山越で作業道に出て、10㍍ほど先の道標から再び登山道に入る

3 赤石山系の山並みを背にして、ちち山の別れまで広い笹尾根をひたすら登る

4 笹ヶ峰の東肩から山頂へ続くコメツツジ群落は四季それぞれの表情が楽しめる

5 1等三角点の笹ヶ峰山頂。2014年の標高改定で瓶ヶ森とともに1㍍高くなった

6 笹ヶ峰と夫婦峰のちち山。巨岩を頂く山頂の展望は笹ヶ峰にひけをとらない

えに、早朝便がなく、実用的でない。マイカーかタクシーが便利。

■マイカー 松山自動車道新居浜ICを出てすぐ左折、山根運動公園で県道47号に合流。所要約40分。大永山トンネル南口に10数台駐車可。

■登山適期 アケボノツツジは4月下旬～5月上旬ごろ。紅葉は10月中・下旬ごろ。積雪時は相当なラッセルを強いられる。

■アドバイス ▽大永山トンネルの北口からも登れる。送電鉄塔巡視路をたどると土山越の先で本道に合流する。▽ちち山のトラバースは、倒れたササに足をとられないよう気をつけること。▽獅子舞ノ鼻手前のブナの巨木は赤石山系最大。枝張りがすばらしい。▽大永山トンネル起点に銅山越方面への縦走も可能。網繰山のアケボノツツジは定評がある。

■問合せ先 新居浜市役所☎0897・65・1234、住友の森フォレスターハウス☎0897・64・2019、新居浜駅前タクシー☎0897・37・2308

■2万5000分ノ1地形図 別子銅山・日ノ浦

＊コース図は36・37㌻を参照。

12

快適な笹尾根と抜群の展望を誇る高知県境の山

冠山・平家平

かんむりやま 1732m
へいけだいら 1692m

日帰り

歩行時間＝7時間5分
歩行距離＝13.5km

技術度

体力度

コース定数	＝26
標高差	＝862m
累積標高差	↗1242m ↘1242m

銅山川《どうざん》流域は平家落人伝説が色濃く残る地域だが、冠山と平家平はその源流部の高知県境に位置している。愛媛県側一帯は原生的雰囲気を留めるブナ、モミ、ツガなどの自然林に覆われ、笹原が多く占める南の高知県側とまったく対照的だ。一帯は住友林業の社有地であり、エコシステムをテーマに、きめ細かい森林管理が行われている。したがって人工林が目立つ銅山川流域にあって、自然度は群を抜いて高い。また、平家平からちち山にかけた高知県境の笹尾根は実にのびやかで、山岳展望は石鎚山脈中、一、二位を争うといっても過言でない。

中七番《なかしちばん》登山口から、七番谷川にかかる平家《へいけ》橋を渡り、フォレスターハウスを横目に動物防護柵をくぐり、平家《へいけ》谷とその支流にかかる橋を渡る。谷の奥で送電鉄塔巡視路を合わせ、これ以降脊梁に出るまで巡視路をたどる。途中、唯一の眺望ポイントである伐採地から赤石《あかいし》山系がきれいに望める。

脊梁に立つ**巡視路分岐**道標から西へ縦走路を進む。枝張りがみごとなブナの大木を愛で、ひと登りすると平家平が現れる。

平家平山頂は文字通りまっ平ら。のんびりしたら、大パノラマをほしいままに快適な笹尾根を行く。正面に三角の冠山とちち山、その間をとりもつ亀の甲羅に似た笹《ささ》ヶ峰《みね》が印象的だ。

登り着いた**冠山**で行程の半分を消化したことになる。コース最高点だが、展望は得られず、長居は無用。早々に辞して尾根を下る。

ブナ林に入るとまもなく**一《いち》ノ谷越《たにごえ》**に着く。かつてこの峠を越えて別子銅山へ木炭が運ば

■鉄道・バス
往路・復路＝マイカーかタクシーに限る。

■マイカー
松山自動車道新居浜ICから県道47号を経て登山口へ。所要約45分。県道路肩に駐車スペースがある。

■登山適期
初夏はアケボノツツジやミツバツツジ、秋は紅葉と展望が楽しめる。

■アドバイス
▽県道沿いの駐車場はフォレスターハウス見学者専用で、一般登山者は原則駐車禁止。
▽ナスビ平～一ノ谷越え間は登山道崩落のため通行止め。
▽フォレスターハウスがある中七番は住友林業発祥の地といわれる。その記念広場でカタクリ、クマガイソウ、キレンゲショウマなど四季の花々が観賞できる。月・火曜休み、10～16時、入館無料、12～2月休館。
▽フォレスターハウス前から七番谷川に沿って10分ほど行くと、山ノ神のそばにメグスリノキの大木がある。

■問合せ先
新居浜市役所☎0897・65・1234、住友の森フォレスターハウス☎0897・64・2019、新居浜駅前タクシー☎0897・37・2308

■2万5000分ノ1地形図
別子銅山・日ノ浦

冠山から見た平家平はいたって穏やか

CHECK POINT

登山口から谷沿いに進み、鉄塔巡視路に合流後、ハシゴを上がり支尾根に取り付く

鉄塔巡視路途中の伐採地から東、西赤石山と二ツ岳などが一望できる

巡視路分岐からほどなく樹林帯を抜けると平家平が見える。ここから快適な道だ

ササに覆われた平家平山頂は広々として気持ちがいい。展望も360度きく

冠山頂上は灌木に囲まれ何の変哲もない。以前は周りの山がきれいに見わたせた

ちち山の別れで脊梁を離れ、東へ尾根をたどってスタート地点へ戻る

れたという。高知県側の峠道は定かでないが、1619メートル三角点の先から明瞭な道が一ノ谷へ下りている。

登り返した**ちち山の別れ**は、冠山とほぼ同じ高さだ。折り重なる銅山川流域の山々が一望できる。ここで脊梁と別れ、東へ尾根を下ってスタート地点の**中七番**《なかしちばん》へ戻る。

（文＋写真＝石川道夫）

＊コース図は36・37ページを参照。

13

旧別子から、個性が光る赤石山系の兄弟峰を結ぶ

西赤石山①・東赤石山①

にしあかいしやま　1626m
ひがしあかいしやま　1706m

日帰り

歩行時間＝8時間30分
歩行距離＝13.5km

技術度 ★★☆☆☆
体力度 ★★☆☆☆

コース定数	＝29
標高差	＝886m
累積標高差	↗1268m ↘1418m

赤石山系は東西およそ15キロ、南北10キロのエリアに、西赤石山、東赤石山、二《ふた》ツ岳《たけ》の赤石三山以下、標高1500メートル超の山が10座あまりコンパクトに収まっている。規模こそ小さいが、他に例のない特徴を備え、県下では石鎚《いしづち》連峰に次ぐ人気を誇っている。

とはいえ、この山域はなんといっても旧別子銅山の本拠地。長年にわたる森林伐採の後遺症が今もなお残っている。特に銅山発祥の旧別子に近い銅山峰《どうざんみね》や西赤石山には、本来あるべきブナ自然林は皆無に等しい。ツツジ類の灌木と、森林伐採の跡地に植えたカラマツが大半である。

ちなみに明治期に撮影された、一面ハゲ山と化した旧別子一帯の写真を見ると、現状とのあまりの落差に唖然とする。ある意味、エネルギー源を森林に求めるしかなかった時代をみごとに映している。赤石山系を舞台に展開した別子銅山の歴史は、いわば自然破壊の歴史であり、それは同時に鉱山を抱える山の宿命ともいえる。

一方で東・西赤石山は花の名山として名をはせ、オトメシャジンやアケボノツツジが人気の的。発生の謎を秘めた銅山越のツガザクラやアカモノも興味をそそる。

日浦《ひうら》登山口～銅山越間に、銅山遺跡が30あまり眠っている。まずは赤レンガ塀の接待館跡、その奥に醸造場跡の煙突も見える。続いて小学校、劇場跡。収容1000人超の劇場跡は、石垣の上に廻り舞台の跡も認められる。

黒橋《くろばし》を渡ると**ダイヤモンド水**。太いパイプから清水が湧いてる。ここから3つ目の橋を渡り、左岸に出るが、直進すると鉱山街としてにぎわった目出度町《めったまち》跡、殉職者を祀る蘭塔場を経て銅山越にいたる。

■**鉄道・バス**
往路・復路＝新居浜駅発の地域バスは本数が少なく実用的でない。マイカーかタクシー利用となる。
■**マイカー**

石室越～東赤石山はそそり立つ岩峰を越えていく。右奥に八巻山

松山自動車道新居浜ICから県道47号の大永山トンネルを抜けて、別子ダム下方の日浦登山口へ。所要約1時間、無料駐車場あり。なお車利用の場合は、下山口の筏津に回送が必要。

■登山適期

積雪期を除けばいつでもいい。ツガザクラ、アカモノの花期は5月。アケボノツツジは紅葉もなかなかすばらしい。10月下旬ごろ。

■アドバイス

▽銅山遺跡にはそれぞれ写真入りの解説板が設置されている。

▽東赤石山の三角点は頂上（最高点）から東へ100$\frac{メー}{トル}$の地点に置かれている。

▽山中泊を望むなら、銅山峰ヒュッテ（通年）が利用できる。赤石山荘は閉鎖。

▽東赤石山に四国では珍しい高山鳥のホシガラスが生息している。テリトリーはおもに山頂の針葉樹林帯。人を恐れないので近くで観察できる。名は体の白い斑点を星に見立てたもの。

■問合せ先

新居浜市別子山支所☎0897・64・2011、新居浜駅前タクシー☎0897・37・2308、銅山峰ヒュッテ☎080・8907・5748

■2万5000分ノ1地形図

別子銅山・弟地

八巻山からゴヨウマツなどの針葉樹に覆われた東赤石山を望む

前赤石山頂から西赤石山（中央）方面を望む

別子銅山発祥の地、歓喜坑《かんきこう》を見学して、地蔵が見守る**銅山越**に着く。さらにミツバツツジが点々と彩る尾根をたどって**西赤石山**に到着。笹ヶ峰と沓掛山をつなぐ吊り尾根から顔がのぞく石鎚山が印象的だ。

ブナが生える**物住頭**《ものずみのかしら》からひと下りで雲原《くもはら》越。これよりかんらん岩帯を迎える。**前赤石**へ安全なルートを探りながら登る。ザイルが必要な危険箇所はないが、岩場が苦手な人は巻道をすすめる。

石室越以降も岩稜伝いに東赤石山を目指す。次々と現れる小岩峰は右に、**八巻山**《はちまきやま》は左に巻いて危険箇所を回避し、**東赤石山**に立つ。

下山は旧道コースをとる。しばらくかんらん岩のゴーロ状の道となり歩きづらいが、沿道に点々と咲くタカネバラがよりどころだ。かんらん岩帯をすぎて瀬場《せば》谷支流を**徒渉**し、そのまま谷沿いに植林地を下る。大きな炭焼窯跡の横を通って再び徒渉。滝を眼下に右岸を進み、**瀬場谷分岐**の先で本流にかかる橋を渡って下山口の**筏津**《いかだつ》に出る。

（文＋写真＝石川道夫）

アカモノの花と実

銅山越え一帯に自生するツガザクラ

東赤石の代表花のひとつタカネマツムシソウ

岩稜に咲き誇るイシヅチザクラ

CHECK POINT

1

旧別子の入口にある日浦登山口。階段横に銅山遺跡の案内図が立っている

2

赤レンガ塀が残る接待館跡。要人、賓客の宿泊、接待や、職員の懇親会にも使用された

3

別子銅山私設の小学校跡。最盛期の生徒数約300人。すぐ先に高い石垣の劇場跡が続く

4

ダイヤモンド水。ボーリングの際、ダイヤモンドのビットを使用したのが名の由来という

5

分岐から橋を渡り左岸コースをとる。右岸コースは目出度町、蘭塔場に通じる

6

歓喜坑。元禄4年（1691）別子で最初に開かれた坑口。隣接して歓東坑がある

7

西赤石頂上。アケボノツツジの開花期が1年でもっともにぎわう

8

物住頭ではじめてまとまったブナを目にする。行く手に前赤石の岩峰が見える

9

前赤石から本格的な岩稜歩きを迎えるが、無理なら巻道を行く手もある

10

東赤石山山頂の東端に置かれた三角点から二ツ岳、赤星山などを望む

11

下山路はしばらくの間かんらん岩累々の道が続くので転倒しないよう慎重に

12

かんらん岩帯をすぎたら植林地を大下りして、滝の上部を徒渉する

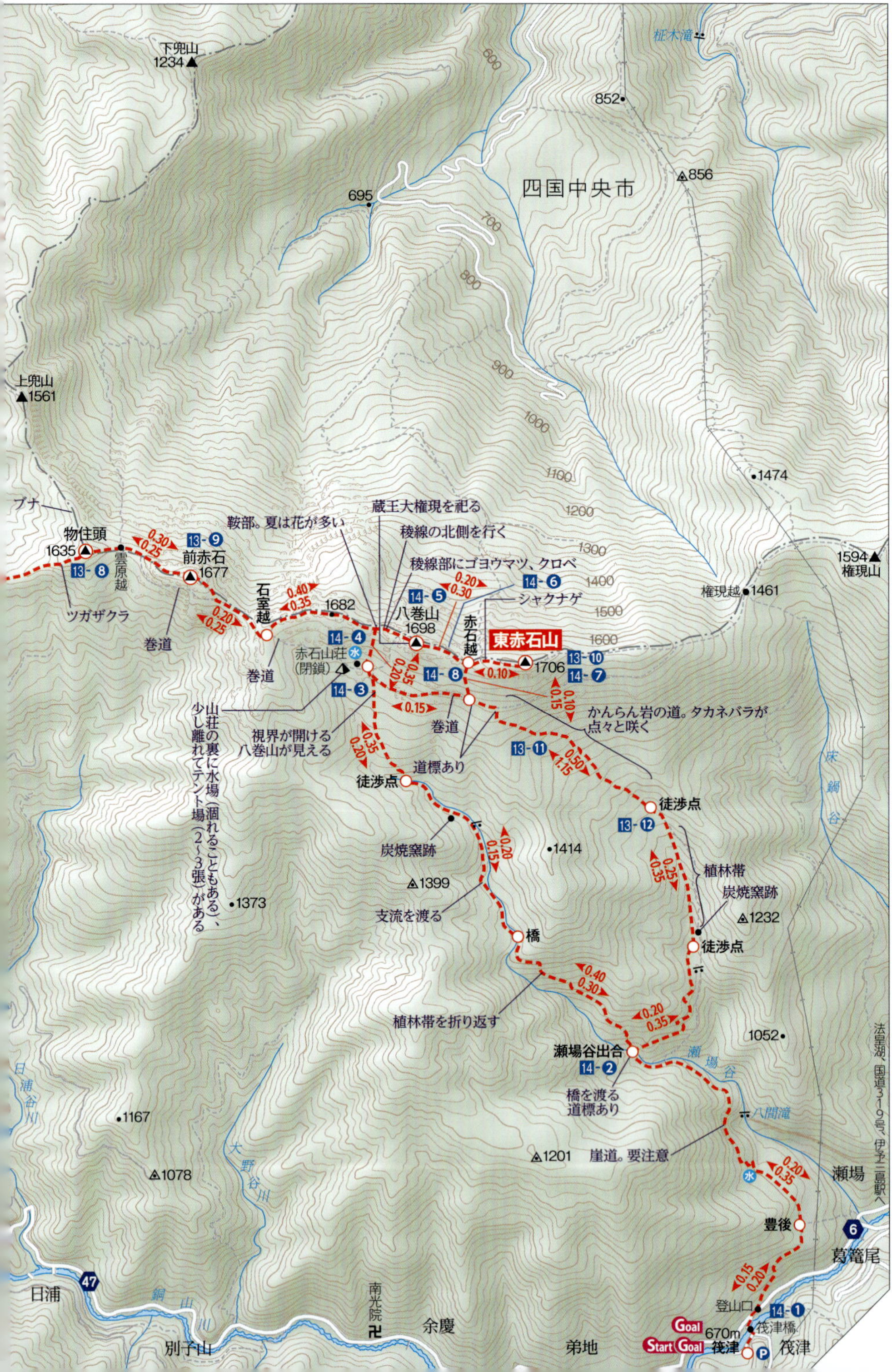

柾木滝
下兜山
1234
852
695
四国中央市
856
上兜山
1561
1474
ブナ
物住頭
1635
雲原越
13-9
前赤石
1677
13-8
ツガザクラ
巻道
石室越
1682
鞍部。夏は花が多い
蔵王大権現を祀る
稜線の北側を行く
稜線部にゴヨウマツ、クロベ
14-5
14-6
シャクナゲ
八巻山
1698
赤石越
東赤石山
1706
13-10
14-7
14-4
赤石山荘(閉鎖)
14-3
14-8
1594
権現山
権現越
1461
山荘の裏に水場(涸れることもある)、少し離れてテント場(2~3張)がある
視界が開ける八巻山が見える
巻道
道標あり
かんらん岩の道。タカネバラが点々と咲く
13-11
徒渉点
炭焼窯跡
1414
13-12
植林帯
炭焼窯跡
1399
1373
支流を渡る
橋
1232
徒渉点
床鍋谷
植林帯を折り返す
瀬場谷出合
14-2
橋を渡る道標あり
1052
瀬場谷
八間滝
法皇湖、国道319号、伊予三島駅へ
日浦谷川
1167
大野谷川
1078
1201
崖道。要注意
瀬場
豊後
葛篭尾
日浦
銅山川
南光院
余慶
弟地
別子山
登山口
14-1
筏津橋
Goal
670m
Start Goal 筏津
筏津

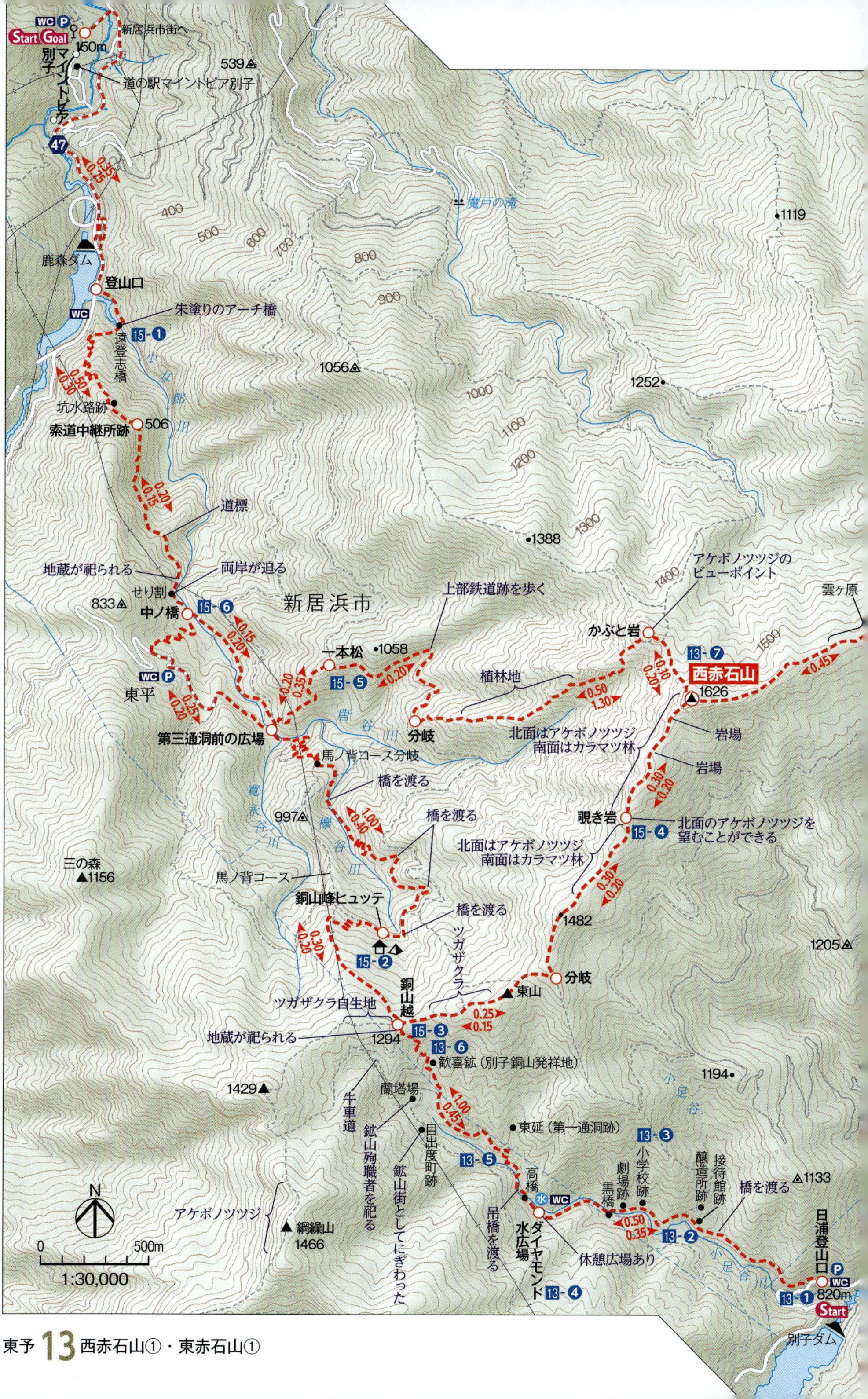

Start Goal
150m
別子マイントピア
新居浜市街へ
道の駅マイントピア別子
539
47
0.35
0.25
鹿森ダム
登山口
朱塗りのアーチ橋
15-1
遠登志橋
小女郎川
0.50
0.30
坑水路跡
索道中継所跡
506
0.20
0.15
道標
地蔵が祀られる
両岸が迫る
せり割
833
中ノ橋
15-6
0.15
0.20
新居浜市
東平
0.25
0.20
第三通洞前の広場
0.20
0.35
一本松
1058
15-5
0.20
上部鉄道跡を歩く
分岐
植林地
0.50
1.30
唐谷川
馬ノ背コース分岐
橋を渡る
1.00
0.40
997
寛永谷川
欅谷川
馬ノ背コース
銅山峰ヒュッテ
橋を渡る
0.30
0.20
15-2
ツガザクラ
三の森
1156
ツガザクラ自生地
銅山越
地蔵が祀られる
1294
15-3
13-6
歓喜鉱（別子銅山発祥地）
1429
牛車道
蘭塔場
鉱山殉職者を祀る
目出度町跡
鉱山街としてにぎわった
1.00
0.45
東延（第一通洞跡）
13-5
吊橋を渡る
ダイヤモンド水広場
13-4
高橋
水
休憩広場あり
黒橋
劇場跡
小学校跡
醸造所跡
接待館跡
0.50
0.35
13-2
橋を渡る
1133
小足谷川
1194
日浦登山口
820m
13-1
Start
別子ダム
アケボノツツジ
綱繰山
1466
0
500m
1:30,000
N
魔戸の滝
800
900
400
500
600
700
1000
1100
1200
1300
1400
1500
1056
1252
1119
1388
アケボノツツジのビューポイント
かぶと岩
雲ヶ原
13-7
0.10
0.20
西赤石山
1626
0.45
北面はアケボノツツジ
南面はカラマツ林
岩場
岩場
0.30
0.20
覗き岩
15-4
北面のアケボノツツジを望むことができる
北面はアケボノツツジ
南面はカラマツ林
0.30
0.20
1482
1205
分岐
東山
0.25
0.15

14

東赤石山②

高山植物とアルペン気分を味わうかんらん岩の山

日帰り

ひがしあかいしやま
1706m

歩行時間＝5時間50分
歩行距離＝11・0㎞

技術度
体力度

冬晴れの東赤石山。

コース定数	＝**23**
標高差	＝1036m
累積標高差	↗1196m ↘1196m

別子山《べっしやま》から東赤石山へ登ると、八合目あたりから誰の目にもそれとわかる赤味を帯びた岩石が現れる。これが東赤石山のキーワード、かんらん岩だ。東赤石山の特異性は、このかんらん岩抜きにはありえない。

かんらん岩はマントル由来の火成岩の一種。つまり東赤石山は海底で生まれた岩が隆起貫入してできた山で、悠久かつ壮大なロマンを秘めている。東赤石山本峰を中心に、前赤石《まえあかいし》から権現越《ごんげんごえ》まで広範囲に露出し、四国第一級の岩尾根を形成している。

その一方で多種類の高山植物も育んでいる。固有種のオトメシャジンをはじめ、タカネマツムシソウ、キバナノコマノツメ、ゴゼンタチバナ、ユキワリソウ、タカネバラなど、とても南国の山とは思えない多彩な顔ぶれだ。また、山頂一帯をクロベ、ゴヨウマツ、コメツガなどの針葉樹が占めるのも異例だろう。

登山口は筏津《いかだつ》、瀬場《せば》どちらでもよい。**瀬場谷出合**にかかる橋を渡った分岐を左にとり、谷をつめていく。次の**橋**を渡って右岸を進み、谷の上部を**徒渉**して左岸に出る。かんらん岩が現れると、やがて八《はち》巻山《まきやま》の岩峰が目に飛びこむ。**赤石山荘**（廃業）の周辺、通称天狗の庭で、初夏、シライトソウ、ユキワリソウ、オオヤマレンゲ、7月にはオトメシャジンも見られる。

ここから八巻山、東赤石山を一周する。旧赤石山荘をあとに、キバナノコマノツメが群れ咲くロックガーデンを直登する。屹立する岩峰群とあいまって、一瞬、中部山岳を歩いているような感覚に陥る。

いったん大岩が鎮座する鞍部へ

■**鉄道・バス**
往路・復路＝JR新居浜駅から登山

出て、急な岩場をこなせば**八巻山**頂上。信仰の山を証明するステンレスの祠が岩上に座っている。岩尾根を下り**赤石越**から登り返すと**東赤石山**の三角点頂上にいたる。

下山は巻道を歩いて往路を戻る。

（文＋写真＝石川道夫）

右：固有種のオトメシャジン

左上：かれんなユキワリソウ
左下：岩場のいたるところに咲くキバナノコマノツメ

CHECK POINT

1 県道沿いの筏津登山口からスタート。途中で瀬場コースを合わせる

2 ケヤキの大木から瀬場谷にかかる橋を渡り、すぐ先の分岐を左に行く

3 瀬場谷上部で谷を離れゴヨウマツとツガの林を抜けると八巻山の岩峰群が現れる

4 旧赤石山荘をあとに八巻山へ向かう。道すがら高山植物が楽しめる

5 八巻山は東赤石山に比べ8㍍低い。頂上に八巻蔵王権現還座記念の祠が鎮座

6 稜線部は行く手をはばむかんらん岩がそそり立つ。岩峰の基部を南寄りにたどる

7 東赤石山頂上から東へ少し尾根をたどると、見晴らし抜群の三角点に行き着く

8 帰りは赤石越からトラバース道へ下り、旧赤石山荘手前で往路に合流する

口まで地域バスが運行されているが、本数が少なく実用的でない。

■**マイカー**
松山自動車道三島川之江ICから国道11号バイパス、同319号、県道6号経由で登山口。所要約50分。登山口対岸の筏津山荘跡近くに駐車できる。

■**登山適期**
厳冬期以外ならいつでもいいが、やはり5～9月の花期がベスト。オトメシャジンは稜線部と巻道沿いでも見られる。花期は7月中旬～9月初旬ごろ。

■**アドバイス**
▽土居町側からのアプローチは難があり、一般的ではない。近年、別子コースを行く登山者が大勢を占めている。
▽赤石山荘は廃業。ちなみにオーナーだった安森滋さんが自費出版した『四国赤石山系物語』は10年余を費した労作で、赤石のすべてがわかる。また2020年には『四国秘境物語』を上梓している。

■**問合せ先**
新居浜市別子山支所☎0897・64・2011、宇田タクシー（JR伊予三島駅）☎0896・24・2525

■**2万5000分ノ1地形図**
弟地・別子銅山

＊コース図は48・49㌻を参照。

15

別子銅山の遺跡群を通りアケボノツツジの花の名山へ

西赤石山②

にしあかいしやま
1626m

日帰り

歩行時間＝8時間10分
歩行距離＝19.5km

技術度
体力度

コース定数＝37
標高差＝1476m
累積標高差 ↗2101m ↘2101m

かぶと岩から見た西赤石山のアケボノツツジ

元禄の昔から昭和まで、280年あまり続いた別子《べっし》銅山。日本の近代化を陰で支えたこの銅山と関わりが深いのが西赤石山だ。ツガザクラの南限地で知られる銅《どう》山越《ざんこえ》の南に、銅山発祥の旧別《きゅうべっ》子《し》、北に東洋のマチュピチュとうたわれる東平《とうなる》など、登山コース上のいたるところに往時をしのぶ遺跡が眠り、銅山に生きた人々の歴史を今に伝えている。

近代化とひきかえに失った原生自然も、閉山からおよそ半世紀を経て天然更新が進み、かつての禿山に緑が回復しつつある。銅山越や西赤石山南面のカラマツ植林地

観光スポットの東平から、別子銅山の遺跡群越しに新居浜市街と燧灘が望める

第三通洞。別子側の日浦に通じ、鉱石運搬以外に一般人を乗せた駕籠電車も走った

■**鉄道・バス**
往路・復路＝JR新居浜駅からせとうちバスのマイントピア別子行きで、約20分。

■**マイカー**
松山自動車道新居浜ICを降りてすぐの信号を左折、高速道沿いに走り、山根運動公園で県道47号に合流して登山口へ。数台駐車可。所要約15分。東平へはさらに先の案内標識から市道へ入る（駐車無料）。

■**登山適期**
通年登れるが、春と秋がおすすめ。アケボノツツジの開花期は4月下旬～5月中旬ごろ。紅葉は10月中～下旬。

■**アドバイス**
▽銅山峰ヒュッテは通年営業。テント場もある。
▽汗を流すならマイントピア別子の天空の湯がある。
●山根運動公園そばの別子銅山記念館に、鉱山で使用したドイツ製の第1号蒸気機関車が展示されている。

■**問合せ先**
新居浜市役所☎0897・65・1234、せとうちバス新居浜営業所☎0897・33・9166、マイントピア別子☎0897・43・1801、銅山峰ヒュッテ☎080・8907・5748

■**2万5000分ノ1地形図**
別子銅山

にも雑木が目立つようになり、なかでも西赤石山の目玉、山頂北面を彩るアケボノツツジの大群落は再生自然の象徴といえよう。別子銅山に翻弄された西赤石山も、今では自然回復のモデルとして、新たな役割を担っている。

道の駅マイントピア別子から鹿《しか》森《もり》ダム湖畔の**登山口**まで県道を歩く。朱塗りの吊橋、遠登志《おとし》橋を渡り、かつて銅鉱石を運んだ仲持《なかもち》衆《しゅう》が歩いた山道をたどる。しばらくジグザグ道をショートカットして高度をあげていく。廊下状のせり割をすぎ、**中ノ橋**のたもとから東平へ向かう。別子銅山の産業遺跡をひととおり見学したら先を目指そう。旧採鉱本部が置かれた**第三通洞前の広場**があり、ここから柳谷とその支流にかかる橋を全部で4本渡り、上《じょう》部《ぶ》鉄道跡に出る。水平道を進めば停車場跡に建つ**銅山峰ヒュッテ**に着く。春はアカモノとヒカゲツツジ、さらに**銅山越**へ向かうと、イシヅチザクラも見られる。銅山越でツガザクラを堪能したら西赤石山へ向かおう。

西赤石山山頂からの下山は、**かぶと岩**を経由する。下りはじめはロープとハシゴを伝う。かぶと岩はかんらん岩の露頭で、西赤石北面に展開するアケボノツツジのビューポイントだ。花の盛りは見物客で混雑する。

尾根に沿って下り、銅山峰ヒュッテから続く上部鉄道跡に出る。そのまま**一本松**まで歩いて**第三通洞前の広場**へ下り、谷沿いに進んで**中ノ橋**を渡れば往路に合流する。

（文＋写真＝石川道夫）

西赤石山山頂から石鎚山(中央)や瓶ヶ森などを望む

CHECK POINT

1 鹿森ダム湖畔の登山口から小女郎川にかかる別子銅山ゆかりの遠登志橋をわたる

2 銅山峰ヒュッテ。付近でシコクカッコソウ、ヒカゲツツジ、アカモノなどが見られる

3 地蔵を祀る銅山越。ここから西山にかけツガザクラの自生地が広がる

4 覗き岩から見たアケボノツツジ。道はずれなので知らずに通りすぎる人もいる

5 上部鉄道跡の一本松停車場を左折、第三通洞前の広場へ。道標確認を忘れずに

6 第三通洞前の広場から谷沿いに下る。中ノ橋を渡った先で往路に合流する

＊コース図は48・49ページを参照。

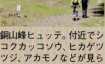

16 金見山・大谷山

平家の里を見下ろす香川県境の山を歩く

日帰り

かなみやま 596m
おおたにやま 507m

歩行時間＝2時間40分
歩行距離＝6・0㎞

技術度
体力度

コース定数＝10
標高差＝201m
累積標高差 ↗520m ↘520m

大谷山から金見山（右から2つめのピーク）、木峰（右端）と雲辺寺山（左端）を望む

　四国中央市の切山《きりやま》地区は平家伝説で知られている。安徳天《あんとく》皇を守護し、この地に逃れてきたという5人の家臣の末裔が代々暮らす隠れ里だ。金見山はこの集落を囲む山々の最高峰で、ここから宇摩《うま》平野と三豊《みとよ》平野を分ける、愛媛・香川の県境尾根が海岸への びる。木峰《きむね》、天狗森《てんぐもり》、唐谷山《からたにやま》、大谷山《おおたにやま》と続く尾根道は、アップダウンを重ねながら、それぞれコブを越えていくが、特に大きな上下はなく、むしろ変化に富んでおもしろい。縦走路は防火帯が広く開かれ、道すがら法皇《ほうおう》山脈、讃岐《さぬき》山脈　祖谷《いや》山系など、愛媛、香川、徳島の3県にわたる山岳風景が楽しめる。

　登山口の**切山分教場跡**から龍王神社と生木《いきき》地蔵方面への道が左右に分かれるが、ここは近道の前者を行く。後者の道と合流後、作業道を進む。龍王神社分岐を見送ってほどなく、折り返し道から赤星《あかぼし》山《やま》や二《ふた》ツ岳《だけ》、製紙会社の煙突が立ち並ぶ四国中央市街が望める。

　5度目のカーブで作業道と別れ、山腹を横切る道から香川県との**県境尾根**に出る。右に行くと高《たか》丸山《まるやま》だ。ここでは防火帯を急登して**金見山**に着く。残念ながら展望は得られず、何の変哲もない。これより唐谷《からたに》山まで3つのコブを越

■**鉄道・バス**
往路・復路＝JR予讃線川之江駅から登山口までタクシーで約20分。
■**マイカー**
松山自動車道三島川之江ICを降りてそのまま直進。3つ目の信号を右折、県道9号を登山口まで走る。所要約30分。切山分教場跡に数台駐車可。
■**登山適期**
秋から春にかけてがおすすめ。草深い夏場は避けた方がいい。
■**アドバイス**
▽別のプランとして唐谷峠から金見山、大谷山の往復コースも一考。峠に駐車スペースがある。
▽登山口近くの生木地蔵は昭和54年に復元された2代目。300年ほど前に彫られたという初代は朽ち果てているが、隣接の小屋の中に現存。登山口の案内板にその由緒が詳しく記されている。
▽国重文真鍋家は四国最古級の民家。現在の当主真鍋氏は16代目。見学無料。
■**問合せ先**
四国中央市観光交通課☎0896・28・6187、宇田タクシー☎0896・24・2525、川之江タクシー☎0896・58・1188
■**2万5000分ノ1地形図**
讃岐豊浜

平家伝説が色濃く残る切山地区

えるが、小刻みのアップダウンは思いのほか楽しい。途中、**切山越**《きりやまごえ》で田野々《たのの》へのコースが分かれる。

県道が通る**唐谷峠**へ下りたら、大谷山まで1・3キロと刻まれた石柱を見て尾根をたどる。かんかん石分岐からまた急登を迎えるが、ここは右に巻道が用意されている。

ウバメガシとアカマツを分ける防火帯を登りきれば**大谷山**に到着する。木々にさえぎられ、視界は観音寺《かんおんじ》方面にわずかに開いている程度。しかし少し戻った伐採地からは、香川の雲辺寺山《うんぺんじさん》や、徳島の矢筈山《やはずやま》、烏帽子《えぼし》山まで望める。

下山は**唐谷峠**から県道を歩いて出発点へ戻る。春であれば途中の愛宕《あたご》山でサクラの花見ができる。

（文＋写真＝石川道夫）

CHECK POINT

県道沿いの登山口に平家にまつわる遺跡案内図や生木地蔵の由緒を記した看板がある

木峰の登りから金見山を振り返る。アップダウンが多いのがこのコースの特徴

切山と田野々を結ぶかつての往還切山越。往時をしのぶヤマザクラの大木がある

かんかん石分岐から大谷山手前のコブを越えるが、ここは右に巻道が用意されている

17

遍路道を歩いて一茶と空海ゆかりの山岳寺院を訪ねる

三角寺～地蔵峠～奥ノ院仙龍寺

日帰り

歩行時間＝3時間55分
歩行距離＝10.5km

技術度 ■□□□□
体力度 ■□□□□

さんかくじ 350m
じぞうとうげ 775m
おくのいんせんりゅうじ 270m

コース定数＝16

標高差＝759m

累積標高差 ↗830m ↘596m

三角寺本堂前に小林一茶ゆかりのヤマザクラがある

法皇《ほうおう》山脈の中腹に位置する四国八十八霊場第65番札所三角寺は、県内25ヶ寺の順拝コース最後にあたり、へんろ道はこの寺から2方向に分かれる。ひとつは徳島県境を越えて、四国霊場最高所の雲辺寺《うんぺんじ》へ、もうひとつは地蔵峠を経て、三角寺奥ノ院の仙龍寺《せんりゅうじ》にいたる山越えコースだ。ここではJR伊予三島《いよみしま》駅を起点に後者を紹介しよう。

遍路道には道しるべがつきものだが、本コース中にもおよそ50基の遍路道標が残存している。これ

遍路道にそびえるエドヒガンの巨樹

■鉄道・バス
往路＝JR伊予三島駅から徒歩。
復路＝奥ノ院バス停から福祉バスに乗り堀切トンネル口で下車。タクシーでJR川之江駅または伊予三島駅へ。

■マイカー
伊予三島駅前の有料駐車場を利用。

■登山適期
4月初旬から中旬にかけた桜の季節がベスト。三角寺では晩秋以降、冬桜も見られる。

■アドバイス
▽山中の遍路道は地元住民が定期的に草刈りや道の補修を行っている。
▽三角寺本堂前に、一茶が「これでこそ、登りかひあり山桜」と詠んだ句碑が立っている。
▽中務茂兵衛は山口県の周防大島出身。幕末から大正にかけ四国霊場を280回もめぐり、200基余の道標を立てるなど遍路修行に一生を捧げた。
▽桜の馬場のエドヒガンは県下有数。樹勢盛んで見ごたえがある。

■問合せ先
四国中央市観光交通課☎0896・28・6187、せとうちバス川之江営業所☎0896・56・2975、宇田タクシー☎0896・24・2525、川之江タクシー☎0896・58・1188

■2万5000分ノ1地形図
伊予三島

ほどの密集度はあまり例がない。それぞれ大きさ、形状が異なり、これらを見て歩くだけでも楽しい。なかには伝説の行者、中務《なかつかさ》茂《も》兵衛《へい》や霊場巡りの中興の祖、真念《しんねん》の道標も含まれる。また俳人小林一茶にもゆかりが深く、歴史好きにはおすすめのコースである

JR伊予三島駅から国道319号を南下。マンションの角を左折し遍路道に入ると**最初の道標**が見つかる。ここから戸川《とがわ》公園まで道が入り組むが、およそ20基もの道標が正確に導いてくれる。公園から坂を登った**山上《やまがみ》集会所**に、一茶ゆかりの腰掛け石と句碑が残る。

おかげ地蔵をすぎ、三角寺まで、昔ながらの遍路道を登る。力尽き息絶えた巡礼者を供養する遍路墓を横目に**三角寺**に着く。奥ノ院へは、本堂前の茂兵衛道標が指し示す。地蔵峠への途中、給水ポイントの**落神《おちがみ》**でひと息つける。**地蔵峠**には4基の地蔵が並ぶ。その中のひとつは、寛保3（1743）年の古い年号が読み取れる。

峠を辞し、**桜の馬場**で幹周り5《メートル》超のエドヒガンを見物して**不動堂**に下り着く。ここから奥ノ院までの八丁坂に、後藤又兵衛の5男、玄哲《げんてつ》が切り開いた玄哲坂や弘法大師の修行地という岩窟などの史跡が残る。そしてコース最後は、奥ノ院仙龍寺がその圧倒的な存在感で締めくくる。

（文＋写真＝石川道夫）

CHECK POINT

1 マンションそばの十字路に本コース最初の茂兵衛道標が立っている

2 発電所から桜の名所戸川公園（疏水記念公園）の横を通る。園内に遍路者の供養塔がある

3 住宅地の道路沿いに立つ道しるべ。人さし指にしたがって歩を進める

4 小さな谷に入るとイチョウの木の下に弘法大師ゆかりのおかげ地蔵が建っている

5 4基のお地蔵さんが見守る地蔵峠から奥ノ院へ急な下りとなる

6 うっそうとした寺叢にたたずむ奥ノ院仙龍寺。弘法大師の修行地と伝わる

18

山焼きが行われる、県下では稀な草原の山

塩塚峰

しおづかみね
1043m

日帰り

歩行時間=3時間25分
歩行距離=7.0km

技術度 ■□□□□
体力度 ■□□□□

コース定数	=**13**
標高差	=606m
累積標高差	↗674m ↘846m

ススキが揺れる秋の塩塚峰

夜空を焦がす迫力満点の塩塚峰山焼き。四国各地から大勢の見物客が集まる

愛媛、徳島両県にまたがる塩塚高原は、なだらかな北斜面を中心に、東西およそ2キロの草原が広がっている。かつて牛の放牧やスキー場に使われた高原の中央に、文字通り塚状に盛り上がるのが、新宮町のシンボル、塩塚峰だ。例年4月、地域住民によって行われる伝統の山焼きは、塩塚峰の春の風物詩。最近は珍しさも手伝って四国各地から大勢の見物客や写真愛好家が訪れようになり、町の観光に一役買っている。

塩塚峰のように1000メートル峰でも山頂が広く、草に覆われた山は、愛媛県下を見わたしてもほんのわずかしかない。大半の山は笹か樹木に覆われている。塩塚峰は古くから採草地であり、特に良質のカヤが採れる山として重宝された。昔と何ら変わることない現在のたたずまいは、住民がカヤ場を大切に守り継いできた証しといえよう。

新瀬川《しんせがわ》バス停から谷沿いに進み、トドロの滝を右に見たあと、谷を渡り返す。急坂を登り、支尾根に乗ると、まもなく**トドロの休場**に着く。再び、五合目の標識がある谷へ下り、ベンチが置かれた

■鉄道・バス
往路=JR伊予三島駅からせとうちバス新宮行きで終点下車。コミュニティバスで終点の新瀬川へ。
復路=霧の森バス停からせとうちバスでJR伊予三島駅に戻る。

■マイカー
高知自動車道新宮ICで降りる。駐車は新瀬川バス停付近の路肩を利用。

■登山適期
初夏には草原が鮮やかな緑に生まれ変わる。ススキに包まれる秋もよい。

■アドバイス
▽バスは伊予三島駅からの始発便でも新瀬川に着くのが昼近くになるため、タクシー利用が望ましい。
▽マイカー登山ならあずまや展望台～頂上、あるいは霧の森キャンプ場～頂上～あずまや展望台がおすすめ。
▽下山口の道の駅「霧の森」は、特産のお茶を使った名物の大福が人気。レストランやカフェ、茶室のほか、交湯館（☎0896・72・2611）で汗を流せる。

■問合せ先
四国中央市観光交通課☎0896・28・6187、宇田タクシー☎0896・24・2525、せとうちバス川之江営業所☎0896・56・2975、道の駅「霧の森」☎0896・72・3111

■2万5000分ノ1地形図
伊予新宮

第2休憩ポイントに出る。

　ススキが茂る伐採地に入ると、南に徳島・高知県境の山々が望める。切り株を縫うように登り、**七合目の大岩**を見送って林道に出る。すぐ先の標識から稜線までは急坂が続く。がまん坂の名称通り、息がはずむ坂道だ。いっきに高度をあげて頂稜線に出たら左に進み**塩塚峰**頂上へ。時間があれば反対方向のあずまや展望台にも立ち寄りたい。

　高原散歩と四周の展望を満喫したら、階段を下り車道に出る。**霧の高原キャンプ場**前を通り、T字路を左折。道標を確認して植林地を下る。谷沿いの炭焼小屋跡をすぎ、**車道**に出て、道なりに歩けば**霧の森バス停**に出る。

（文＋写真＝石川道夫）

頂稜東端に立つあずまや展望台

CHECK POINT

1 谷に沿って登るとまもなく両岸が迫り、コース唯一のトドロの滝が現れる

2 谷沿いの道に変わると、植林の中に段畑跡と思われる石垣が累々と重なる

3 伐採地から愛媛・徳島・高知三県境の三傍示山と白髪山、工石山が望める

4 林道に出たら50ﾒｰﾄﾙほど先の道標から頂稜まで、通称がまん坂を直登する

5 塩塚峰頂上は視界をさえぎるものがなにもない。まさに胸のすく展望が得られる

6 キャンプ場をすぎて丁字路を左折、林道脇の分岐道標から植林地を下る

19

水の神へ参り、山と海を一望する花の楽園へ

翠波峰

すいはみね
890m

日帰り

歩行時間=5時間10分
歩行距離=13・5km

技術度 ■□□□□
体力度 ■■□□□

コース定数=21
標高差=884m
累積標高差 ↗1120m ↘1120m

翠波峰南面に広がる菜の花園

西峰展望台から金砂湖を俯瞰する

　宇摩《うま》地方では古来、法皇《ほうおう》山脈をはさんだ銅山《どうざん》川流域を嶺南《れいなん》、対する臨海部を嶺北《れいほく》と称している。双方を結ぶ山越え道は地形図の記載だけでも10数本あり、南北交流の盛況ぶりを物語る。現在、この山越え道の大半は往来が絶えて久しいが、海から山へ、山から海へ、それぞれの道一本一本に地域住民の足跡が深く刻まれている。翠波峰を越す本コースもそのひとつで、かつての生活・参拝道だが、最近はもっぱらハイキングコースとして利用されている。

　翠波峰は東西2つのコブをもち、南麓の金砂湖《きんしゃこ》の湖面にその姿を静かに倒影している。最高点の東峰直下の岩場に山名由来の水波《すいは》神社が鎮座し、江戸時代から水の神として崇められている。また南面一帯は開発が進み、春は菜の花とヤマザクラ　秋はコスモスなど、花の公園として行楽客の人気を集めている。

　JR伊予三島《いよみしま》駅から国道319号を南下。松山自動車道をくぐり、右の橋を渡ってす

■鉄道・バス
往路・復路=JR伊予三島駅から歩く。出口は南北2箇所あるが、どちらでもかまわない。

■マイカー
松山自動車道三島川之江ICから国道11号バイパス経由で国道319号に入り、高速道をくぐってすぐ左折。駐車は登山口付近または松山自動車道の側道路肩の空きスペースが利用できる。

■登山適期
春夏の花、秋から冬の展望とオールシーズン親しまれている。4月に菜の花と桜、8、9月はコスモスが見られる。

■アドバイス
▽現在、花園のまわりに動物防護柵が張りめぐらされているので、ゲートを開けて中に入る。
▽設置場所が異なる3つの展望台から、三者三様のロケーションが楽しめる。
▽マイカー登山の場合、第一花園駐車場を起点に東峰、西峰などをめぐるコースがおすすめ。

■問合せ先
四国中央市観光交通課☎0896・28・6187

■2万5000分ノ1地形図
伊予三島

ぐ左折。坂を登れば松尾城跡の案内標識が立つ**登山口**に突きあたる。旧登山道を合わせると、まもなく分岐に着く。右にとると戦国期の山城、**松尾城跡**に行き着く。

分岐に戻り、二ノ鳥居跡をすぎると、地蔵を祀る**仏**《ほとけ》からヤマザクラが目につく。U字状に深くえぐられた道はいかにも古道らしい。林道を横断して中曽根《なかぞね》分岐、くれ石分岐とすぎ、法皇スカイラインに出る。すぐ先に**アヤメ池**がある。スカイラインをショートカットして、よく手入れされたスギ林を直登。製紙会社の寄進石が並ぶ石段を上がれば水波神社に着く。岩上から真下に金砂湖が望まれる。

尾根伝いにひと登りで**翠波峰東峰**、さらに眺望ポイントの翠波峰西峰へと進む。

下山は南へ遊歩道を下り、第一花園、北峰展望台などをめぐって法皇スカイラインを東進。次のヘアピンカーブから往路を戻る。

（文＋写真＝石川道夫）

CHECK POINT

支尾根に段状の郭が残る松尾城跡。最上段には水波神社が鎮座している

法皇スカイラインを渡ると盆地状に開けたアヤメ池にでる

水の神をまつる水波神社の石段沿いに地元の製紙会社の名を刻む寄進石が並ぶ

水波神社から真下に金砂湖、高知県境の山々と祖谷山系、剣山系もはるかに望まれる

東峰と尾根通しの西峰展望台は翠波峰一番の絶景ポイント

20

四国有数のブナ純林と笹原が魅力の隠れ名山

佐々連尾山

さざれおやま
1404m

日帰り

歩行時間＝5時間10分
歩行距離＝12・0km

技術度 ■■□□□
体力度 ■□□□□

山頂手前から快適な笹尾根が広がる

顕著な頂をもたない佐々連尾山は、地元の山好きでも山座同定が容易でない。金砂湖《きんしゃこ》を隔てて対峙する翠波峰《すいはみね》から眼をこらしてもなかなか判然としない。しかし、見た目は精彩を欠く佐々連尾山だが、尾根筋にはブナ林が発達し、なかでも四国では稀なブナ純林が広範囲に残っているのが魅力だ。

ブナが多いのはこの山域が国有林として保護されてきたからで、中川《なかのかわ》峠付近にもブナの大木が数多く見られ、原生の雰囲気を留めている。ブナ愛好家なら一度は訪れてみたい山である。

登山口の中之川《なかのかわ》地区は、高知県境に近い山奥の小集落だが、四国中央市の基幹産業である製紙発祥の地として知られている。江戸時代、和紙の製法が土佐から中川峠を越えて伝わっている。この「和紙の道」をたどり、ブナの名山を訪ねてみよう。

中之川林道終点から登山道を谷沿いに進む。支流を石伝いに徒渉し、次の**徒渉点**以降、雑木、植林と折り返して作業道に出る。いったん作業道を20メートルほど歩いて、赤テープから再び登山道に入る。**中川峠**までブナ林と植林を分ける道を登る。草深い峠に往時の面影を伝える三界地蔵と苔むした石積み

コース定数＝21

標高差＝860m

累積標高差 ↗1086m ↘1086m

■**鉄道・バス**
往路・復路＝マイカーに限定される。

■**マイカー**
松山自動車道三島川之江ICから国道192号、県道5号の堀切トンネルを抜けてすぐに右折、県道9号の金砂橋手前を左折して中之川へ。所要約50分。林道終点または途中の路肩に数台駐車できる。

■**登山適期**
春夏秋冬それぞれ味わい深いが、積雪期は避けた方がよい。

■**アドバイス**
▽中之川林道は路面が荒れており、できれば四輪駆動車が望ましい。
▽中川峠～あすなろ峠間のブッシュが濃い場合、高知県側の作業道経由で迂回可能。また、最初の露岩の先からブナ探勝コースが分かれる。明瞭な踏跡をたどれば、ブナ林を横切って縦走路に戻る。
▽帰りの作業道に道標はない。錯綜する枝道に惑わされないこと。
▽中之川地区は南北朝時代の武将、新田義貞一族が逃れ住んだという隠れ里。新田神社などそれにまつわる史跡が残る。小学校跡もあるが、現在住人はいない。

■**問合せ先**
四国中央市観光交通課☎0896・28・6187

■**2万5000分ノ1地形図**
佐々連尾山

霧氷が美しいブナの森

が残る。ここがまさに紙の町の原点である。時の流れを思うと感慨深い。

赤テープに導かれ１２４４メートルのコブを越え、作業道が走る**あすなろ峠**に出る。尾根伝いに進み、眺めのよい**露岩**でひと息入れながら笹原に出る。南に大きく視界が開け、土佐連山が一望できる。

１３９２メートルのコブの北側に美しいブナ純林が広がる。笹尾根に出ると佐々連尾山にいたるコースが認められるが、頂上は定かではない。なだらかな頂稜の西端に、樹木に囲まれひっそりとした場所に山名標識が立っている。**佐々連尾山**山頂だ。

帰路は笹尾根の**鞍部**から作業道へ下りる。あすなろ峠手前から左に折れ、終点まで歩けば往路に出合う。

（文＋写真＝石川道夫）

CHECK POINT

2度目の徒渉点は1度目より水量は少ない。このあと雑木林を何度も折り返す

作業道に出たらそのまま20メートルほど進み、赤テープから登山道に入る

中川峠に眠る三界万霊のお地蔵さん。そばに小屋跡の石積みも残る

1392メートルのコブ手前で視界がいっきに開け高知県境の登岐山などが望める

帰りは笹尾根の鞍部から作業道へ下り、しばらく道なりに進む

往路の作業道終点まで枝道がたくさん分かれるので、惑わされないこと

北麓の土居町から見た豊受山

21

鋸山・豊受山

カタクリを愛で、地域の信仰を集める霊山へ

のこぎりやま　1017m
とようけやま　1247m

日帰り

歩行時間＝3時間40分
歩行距離＝7・5

技術度
体力度

コース定数	＝13
標高差	＝447m
累積標高差	647m / 647m

春に法皇《ほうおう》山脈から吹き下ろす台風並みの強風を、地元では「やまじ風」とよんでいる。発達中の低気圧が日本海を通過する際に起こるフェーン現象で、日本三大局地風のひとつとされている。古来、豊受山山頂の岩穴がこの強風の吹き出し口と信じられ、今も7月と9月の年に2度、風を鎮める神事（風鎮祭）が連綿と受け継がれている。

北麓から仰ぎ見る豊受山は、頂が奇妙な形でせり上がり、その怪しい風貌に地元住民が畏怖の念を抱くのもうなずける。が、その一方で「おといこさん」の愛称で慕われる存在でもある。さらに山頂の豊受神社を、伊勢神宮にならって、20年に一度建て替える、いわゆる式年遷宮は、信仰を通して山に寄り添う地域の姿を色濃く映している。

豊受山と峰続きの鋸山は、なんといってもカタクリが持ち味。年々訪れる人が増え、花期のゴールデンウィークは活況を呈する。

登山口から鋸山まではヤマザクラやリョウブ、シバグリが優占する雑木を登る。**鋸山**頂上は視界が乏しいが、すぐ先の海側に張り出した岩場からの眺めはすこぶるいい。海岸まで手が届きそうな高度

■**鉄道・バス**
往路・復路＝近くにバス停はない。マイカーあるいはタクシーとなる。

■**マイカー**
松山自動車道三島川之江ICから国道11号バイパス経由で国道319号を南進。法皇トンネルを抜け、翠波高原から林道登山口へ。所要約45分。登山口に数台駐車できる。

■**登山適期**
カタクリとアケボノツツジが咲くゴールデンウィーク期間中がベスト。

■**アドバイス**
▽往復コースを設定したが、帰路は林道法皇線を歩いてもよい。
▽風鎮祭は一般者も参加できる。参加者全員のお祓いのあと、夏は麦、秋は米でつくった365個のだんごを風穴に投げ入れる。問合せ先は厳島神社☎0896・25・0039へ。
▽豊受山山頂のブナの一部が伐られているのが気になるが、これは2014年の式年遷宮の際、建築用材をヘリで空輸した名残で、幸か不幸か見晴らしがよくなった。

■**問合せ先**
四国中央市観光交通課☎0896・28・6187、宇田タクシー（JR伊予三島駅）☎0896・24・2525

■**2万5000分ノ1地形図**
伊予三島・東予土居

感も味わえる。

　下り気味に歩を進めると、まもなく待望のカタクリが迎えてくれる。この先しばらくは花が楽しめる。やがてカタクリが尽き、ロープにすがって急坂を登ると**4等三角点**に出る。今度は山側に視界が開け、赤星山《あかぼしやま》、二《ふた》ツ岳《だけ》をはじめ、三嶺《みうね》や天狗塚《てんぐづか》、剣山《つるぎさん》、次郎笈《じろうぎゅう》まで遠望できる。また視線を落とせば銅山《どうざん》川の柳瀬《やなせ》と法皇、2つのダム湖も望める。

　再びカタクリの一群を愛で、南北からのコースを合わせ、鳥居をくぐれば、まもなく豊受神社。すぐ上の頂上から細い尾根を北へ100m《メートル》ほどたどると、**豊受山**三角点がある。三角点下の岩場からは、四国中央市街と香川方面が一望できる。

　下山は往路を戻る。

（文＋写真＝石川道夫）

鋸山のカタクリ

CHECK POINT

1 鋸山山頂の大岩に立つと豊受山が見える。燧灘を見わたす眺望もすばらしい

2 鋸山からしばらくカタクリを愛でながら雑木の道を進む

3 ロープを伝って急坂を登ると4等三角点に立つ。今度は南に山岳風景が開ける

4 鳥居をくぐり豊受神社の境内に入る。道の左手に石造の前神が祀られている

5 豊受神社の拝殿をはさんで新旧2つの本殿が鎮座。右側は2013年の新築

6 アケボノツツジとヒカゲツツジが彩る三角点下の岩場から東に展望が得られる

22 赤星山

端正な山容が「伊予小富士」と称えられる人気の山

日帰り

あかぼしやま
1453m

歩行時間＝7時間35分
歩行距離＝14・5km

技術度 2/5 体力度 2/5

コース定数	＝**30**
標高差	＝1433m
累積標高差	↗1499m ↘1499m

渓谷最大の機滝

　燧灘《ひうちなだ》の海岸線、とりわけ新居《にい》浜《はま》、西条《さいじょう》方面から望む赤星山は、富士山に似ていて、「伊予小富士」の別名にふさわしいたたずまいだ。かの西行法師も「忘れては富士かとぞ思う、これやこの伊予の高嶺の雪のあけぼの」と詠んでいる。標高1500㍍近い山頂から海岸まで、わずか6㌔という立地条件も手伝って、石鎚山《いしづちさん》以下、名峰が多く集まる東予山域でも、その端麗な姿はひときわ目につく。

　赤星山の北面、大地川《おおじがわ》渓谷（赤星ライン）は大小数々の滝を擁するが、中央構造線の断層崖を刻むだけに、急流が連続し、まるで渓谷全体がひとつの滝といった感すらある。本コースは山頂直下の大地川源流点まで、滝や淵、そそり立つ奇岩を観賞しながら谷をつめていく。急登に加え、標高差が大きいので敬遠されがちだが、近年、地元有志によって道の補修や橋の付け替え、道標の新設がなされ、コース状況はこれまでより段違いによくなっている。

　林道野田《のだ》線終点から**機滝《はた》**まで、渓谷にかかる橋を全部で5本渡る。機滝は名の通り、流れ落ちる水の帯が機織りを連想させる。このあと紅葉滝《もみじだき》、布引滝《ぬのびきだき》と続く。布引滝の上部は緩やかな流れの中、苔むした岩が風情を醸し出している。橋を渡り、造林小屋跡からコース7本目の橋を渡って**豊受山《せんじょう》分岐**を見送り、次の**分岐**は右の千丈滝《だき》コースを行く。渓谷最奥の千丈滝を左に見て本道に**合流**、さらに

■**鉄道・バス**
往路・復路＝JR赤星駅から徒歩。登山口まで約45分。またはJR川之江駅からせとうちバス新居浜住友病院行きで野田バス停下車。

■**マイカー**
松山自動車道土居ICを降りて国道11号とその先の信号を左折。林道野田線の終点に駐車スペースがある。

■**登山適期**
四季それぞれ趣があるが、春から初夏にかけて花が多い。ヤマザクラは4月上旬、カタクリは4月下旬から5月中旬ごろ。

■**アドバイス**
▽渓谷の橋は濡れるとすべりやすいので要注意。
▽初級者、または体力に自信がない人は中尾からの南面コースがおすすめ。山頂まで約2時間30分。
▽毎年5月、北麓の長津小学校の6年生とその保護者が津根コースで赤星山へ登る。山頂から真下に学校を望むことができるが、以前は下級生がグランドに人文字を描いて登頂を祝福したという、微笑ましいエピソードが伝わる。

■**問合せ**
四国中央市観光交通課☎0896・28・6187、せとうちバス川之江営業所☎0896・56・2975

■**2万5000分ノ1地形図**
東予土居・弟地

谷をつめていくと源流点近くに最後の**水場**がある。シャクナゲ尾根に乗り、雑木を縫って登ると、明るく開けた**赤星山**頂上に着く、春はカタクリが迎えてくれるだろう。西へ灌木越しに赤石山系、北は瀬戸大橋からしまなみ海道まで、燧灘一円が望める。

下山は、東に尾根をたどり、豊《とよ》受《うけ》山手前の道標から往路の合流点まで通称「隆ちゃん新道」を下る（文＋写真＝石川道夫）

新居浜市から見た赤星山

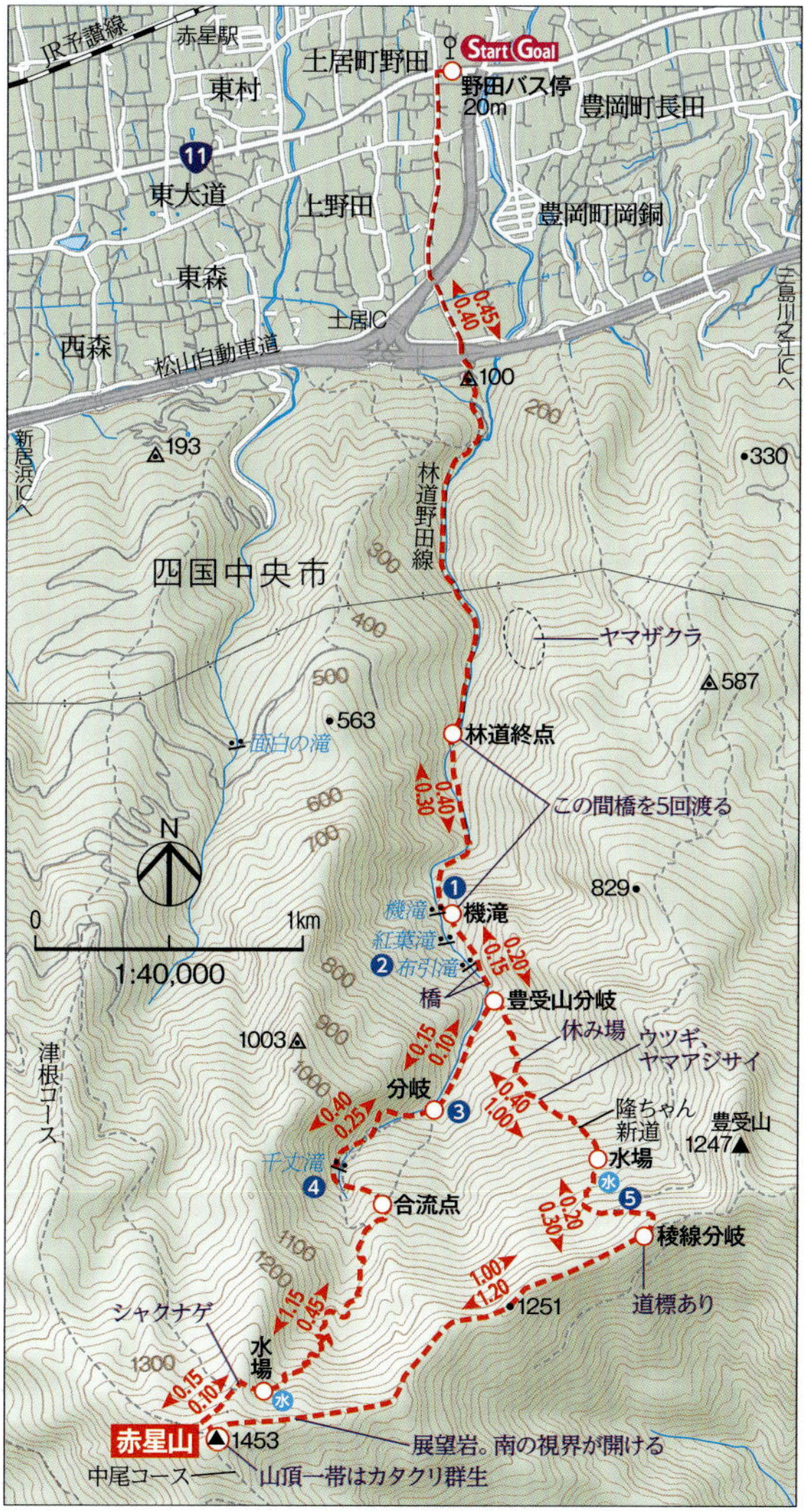

CHECK POINT

渓谷にかかる橋は地元ボランティアによって維持管理が行われている

布引滝のようなナメ状の滝は大地川渓谷では稀。優美な流れに心が洗われる

千丈滝分岐を示す道標から右へ谷コースを進む。左が本道だが植林コースで味気ない

千丈滝周辺は深山幽谷の雰囲気が漂う。滝の上部で本道と合流する

下山は赤星山から東へ尾根をたどり豊受山手前の分岐道標から植林地を下る

23

ツツジとシャクナゲが彩る二ツ岳山塊を完全踏破する

二ツ岳・エビラ山・黒岳

ふたつだけ　1647m
えびらやま　1677m
くろだけ　1636m

日帰り

歩行時間＝8時間55分
歩行距離＝10.5km

技術度
体力度

コース定数＝**29**

標高差＝787m

累積標高差　1194m　1389m

二ツ岳山塊の中央に座るエビラ山の山頂から二ツ岳と黒岳、それぞれの険しい表情が見てとれる。

黒岳からエビラ山、二ツ岳（左奥）を振り返る

一般に語尾に「岳」がつく山は、岩勝ちで総じて急峻だが、両者もまさにその通り。稜線、斜面を問わず岩峰が発達し、独特の風貌を呈する。

二ツ岳山塊は角閃岩《かくせんがん》で構成されている。したがって、その硬くて風化に強い性質が山容によく表れている。数ある岩峰の筆頭格が鯛《たい》ノ頭《かしら》。空に向け、ぱっくりと口を開いたさまは、北麓を走る国道11号からも視認できる。また二次林とはいえ、北面にブナが目立つなど、同じ岩山でも西隣りの東赤石山《ひがしあかいしやま》とは地質、植生ともに一線を画している。

本コースはかつて一目置かれた難コースとして敬遠されていたが、今はコースは明瞭で、行く手をはばむ大きな岩峰は巻道が用意されているので、体力があれば三山踏破はそれほど困難でない。

登山口から**峨蔵越**《がぞうごえ》までは山腹をからむように登る。途中大小の谷をいくつか越すが、給水の必要があればすませておきたい。峨蔵越から**鯛ノ頭**の休憩ポイントまでロ

二ツ岳のシンボル、鯛ノ頭

■鉄道・バス
往路・復路＝路線バスがなく、マイカーかタクシーとなる。

■マイカー
松山自動車道三島川之江ICから国道11号バイパスを経て国道319号の金砂湖にかかる平野橋を渡り、県道6号へ。肉渕バス停から市道峨蔵線（舗装路）に入る。所要約50分。登山口に2～3台駐車可。紹介コースを歩く場合は、下山口に車の回送が必要で、下山口に2台ほど駐車可。

■登山適期
ブッシュが濃い夏場と積雪期は避けたい。アケボノツツジ、ミツバツツジは4月下旬から5月中旬ごろ。シャクナゲは5月中・下旬ごろ。

■アドバイス
▽岩場の巻道は尾根から大きくそれることはない。ただし赤テープを見落とさないように。踏跡を見失ったら、必ずもとの場所へ引き返すこと。
▽土居町からも登れる。林道登山口から峨蔵越まで約2時間30分。なお敬天ノ滝の下まで車で入れば1時間ほど短縮できる。また林道は一部未舗装なので運転は要注意。

■問合せ先
四国中央市観光交通課☎0896・28・6187、宇田タクシー☎0896・24・2525

■2万5000分ノ1地形図
弟地

注：林道法皇線は2021年10月29日まで通行止めとなっている。

ープとハシゴに頼って小岩峰を2つ越える。春はアケボノツツジが緊張をほぐしてくれるだろう。さらに岩角や木の根をつかみながら**二ツ岳**頂上に出る。目指すエビラ山と黒岳を見たら、岩峰を左に巻いて**イワカガミ岳**、さらに右に左に尾根をからみ、鞍部から直登気味に**エビラ山**に達する。南北に細長い山頂はアケボノツツジとシャクナゲが占める。**黒岳**までは指呼の間だが、途中2箇所、岩場を左に巻くので案外時間を食う。

黒岳以降、顕著な岩場は影をひそめ、笹原とブナ林が続く。小さなコブを上下して**権現山**《ごんげんやま》へ、さらに少し下って鉄塔巡視路に入る。4本目の**鉄塔**から尾根をはずれ、橋をわたって床鍋《とこなべ》コースに合流。あとは植林地をえんえん下れば**床鍋登山口**だ。

（文＋写真＝石川道夫）

CHECK POINT

1 階段を備えた林道終点の登山口。ここから支尾根まで急な登りとなる

2 峨蔵越でミツバツツジが迎えてくれる。ここで北面コースと一緒になる

3 二ツ岳頂上。奥の岩場からエビラ山、黒岳、東赤石山、平家平、伊予富士を一望

4 イワカガミ岳は北寄りを巻き気味に通過。振り返ると南面は思いのほか険しい

5 エビラ山から黒岳は指呼の間。黒岳はどの方向からも端正な三角峰が目立つ

6 エビラ山を辞してすぐ大岩を左に巻く。このあと黒岳の登りでも1箇所岩場を巻く

7 黒岳から権現山までは顕著な岩場はなく、ササとブナに覆われた道となる

8 権現山の下り途中から送電鉄塔巡視路に入り、3つ目の鉄塔No.24から谷へ下りる

24

世田山・笠松山

伊予三名山としまなみ海道を望む古戦場跡をミニ縦走

日帰り

歩行時間＝2時間15分
歩行距離＝4・5km

せたやま 339m
かさまつやま 357m

技術度
体力度

コース定数＝8
標高差＝309m
累積標高差 350m 360m

世田山城跡から伊予三名山を一望。石鎚山（右端）、瓶ヶ森（中央）、笹ヶ峰（左端）

朝倉地区から端正な笠松山を望む

今治《いまばり》平野と周桑《しゅうそう》平野、西条《さいじょう》平野の境界山地は、伊予国《いよこく》府《ふ》が置かれた桜井《さくらい》を控え、古来、防衛・戦略の重要拠点として、多くの山城が築かれていた。世田山、笠松山を含め、中世にはこの山地を舞台に数々の戦いが繰り広げられたが、とりわけ『太平記』に描かれた世田山城をめぐる南北朝の合戦は有名である。また笠松山山麓の朝《あさ》倉《くら》地区は古墳の里として名をはせるなど、歴史とロマンに満ちている。

世田山、笠松山ともに天然の要害をなす花崗岩質の急峻な山だが、一方で瀬戸内海国立公園の一角を占める景勝地でもあ

■鉄道・バス
往路＝JR壬生川駅からせとうちバス今治行きで世田薬師下車。所要約20分。1日8便。
復路＝朝倉支所バス停からせとうちバスでJR今治駅へ。1日10便、約30分。

■マイカー
今治小松自動車道今治湯の浦ICから登山口まで約5分。世田薬師の駐車場（無料）を利用する。

■登山適期
大気が澄みわたる秋から冬がおすすめ。特に冬場は雪を頂く石鎚連峰の眺めがすばらしい。

■アドバイス
▽下山は野田コースをとり、天王バス停から今治に出てもよい。道は明瞭で歩きやすい。
▽下山口に近い野ノ瀬古墳群は県下最大級。6～7世紀に造られたおよそ40基が現存するが、戦前は100基以上あったという。代表格の七間塚古墳は県指定文化財。

■問合せ先
今治市観光課☎0898・36・1541、西条市役所☎0897・56・5151、せとうちバス周桑営業所☎0898・72・2211、東予タクシー（壬生川駅）☎0898・64・2243

■2万5000分ノ1地形図
壬生川

る。海と山を一望するロケーションは、低山とは思えないほどスケールが大きい。コースは整備が行き届き、ハイキング感覚でミニ縦走が楽しめる。いにしえに思いをはせ、古戦場跡を歩いてみよう。

世田薬師バス停でバスを降りたら、まず栴檀寺《せんだんじ》入口の世田山案内図でコースを把握しておきたい。船曳《ふなびき》地蔵から階段道となり、栴檀寺奥の院へ100段あまりの石段を上がる。本堂をはさんで庫裡と不動堂、その隣に世田山城主大館《おおだて》氏明《うじあき》公の墓所が並ぶ。石段脇に大クスも茂る。急階段を登り、尾根を右にとれば**世田山**頂上、左へ大岩をまわると絶景ポイントに出て、中央構造線からいっきに立ち上がる石鎚《いしづち》山、赤石《あかいし》山、法皇《ほうおう》の各山脈がみごとに連なる。

山頂のブナが目立つ楢原山《ならばらさん》など、高縄《たかなわ》山系と燧灘《ひうちなだ》を左右に見ながら尾根をたどる。**水大師分岐**《みずだいし》で石段を大きく上下して**笠松山**に着くと、今治《いまばり》市街、来島《くるしま》海峡を跨ぐしまなみ海道の三連吊橋、その先に芸予《げいよ》の島々が折り重なる。眼下には条里制の遺構が残る朝倉地区の田園風景が美しい。下山はヤマモモの植樹に沿って尾根を下り、車道を歩いて**朝倉支所バス停**へ向かう。

（文＋写真＝石川道夫）

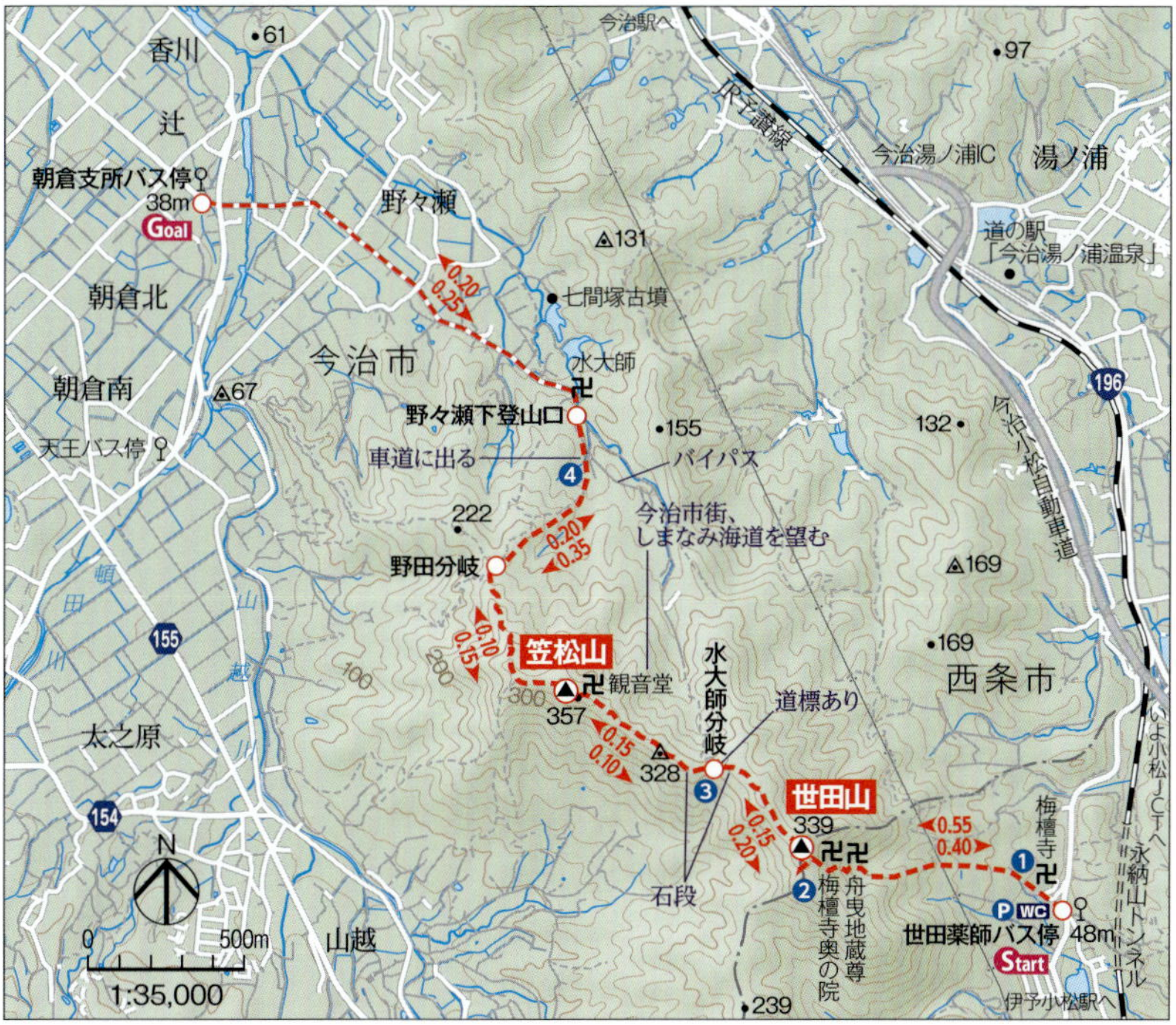

CHECK POINT

世田薬師でバスを降りたら大きな案内図の前を通って栴檀寺境内に入る

栴檀寺本堂（奥の院）に隣接して庫裡、不動堂、世田山城主大館氏明公の墓所がある

世田山と笠松山の中間鞍部、水大師分岐で石段を大きく上下する

遊歩道から車道へ下り、野々瀬下登山口に出て朝倉支所バス停へ向かう

25 大山祇神社の背後にそびえる瀬戸内海屈指の展望峰

鷲ヶ頭山《わしがとうざん》

436m

日帰り

歩行時間＝3時間
歩行距離＝6・5km

技術度
体力度

コース定数＝12
標高差＝430m
累積標高差 597m 597m

花崗岩がそそり立つ安神山

大山祇神社本殿

大三島《おおみしま》といえば、しまなみ海道随一の観光スポットだが、その中枢を担うのが大山祇《おおやまづみ》神社だ。本来山の神を祀るが、海の神、武の神をも祀り、日本総鎮守の称号をもつ瀬戸内海きっての大社である。境内の宝物館は全国の国宝・重文甲冑の8割を収蔵する日本一の武具館として有名。大三島が「国宝の島」と称えられるゆえんである。神社をとり囲む国天然記念物のクスノキ群は原始の姿を留め、日本最古の社叢といわれる。

鷲ヶ頭山はその社叢を見下ろすようにそびえる島の最高峰で、前衛の安神山《あんじんさん》とともに花崗岩質の急峻な地形が登高欲をくすぐる。山頂まで大三島自然探究路と銘打った登山道が整備され、芸予の多島美を存分楽しめる。

今治からおよそ1時間、風光明媚なしまなみ海道のバス旅を満喫して**大山祇神社**で下車。すぐそばの大鳥居をくぐり、神社境内へ。石段上の神門前を右折するが、その前に参拝をすませておこう。橋を渡って左に折れ、車道を右へ上がると自然探究路入口がある。わくわくパークを右に見てまもなく**分岐**に出合う。ここで帰路に使う入日《いりひ》ノ滝遊歩道が右に分かれる。展望台をすぎていっきに高度が上がる。宮浦《みやうら》の町並みと緑濃い大山祇神社を眼下に尾根に乗れば、ひと息で**安神山**に着く。龍王社と露岩の基部の石碑には木花開耶姫《このはなさくやひめ》や石鎚大神の名も見える。

■鉄道・バス
往路・復路＝JR今治駅から瀬戸内海交通バスで大山祇神社下車。所要1時間。

■マイカー
瀬戸内しまなみ海道大三島ICから国道317号、県道37号を経て大山祇神社へ。神社そばの町営駐車場（無料）を利用する。

■登山適期
夏場を除けばいつでもいい。大山祇神社初詣を兼ねた正月登山も一興だ。

■アドバイス
▽入日ノ滝への下りは滑りやすいので要注意。初心者は無理せず来た道を引き返してもかまわない
▽生樹の御門は大山祇神社の奥ノ院参拝道途中にあり、分岐点の案内標識を見落とさないこと。ちなみに生樹の御門は二本のクスノキの合体樹との見方もある。
▽国宝館には源頼朝、義経の鎧や平清盛の太刀、武蔵坊弁慶の薙刀などのほか、楠正成の首を跳ねたという大太刀も展示。8時30分～17時（受付16時30分まで）。

■問合せ先
今治市観光課☎0898・36・1541、瀬戸内海交通☎0897・82・0076、大山祇神社☎0897・82・0032

■2万5000分ノ1地形図
木浦

大岩がそそり立つエボシ岩を巻いて林道まで緩やかな道が続く。行く手にテレビ局の中継アンテナが立つ鷲ヶ頭山、右に大三島の水ガメ、台《うてな》ダム湖も望める。林道をいったんショートカットして急坂を登りきれば**鷲ヶ頭山**山頂だ。頂上は成長したウバメガシに囲まれ、視界はまったくきかない。

　下山は林道安神山線から尾根伝いに入日ノ滝へ下る。遊歩道を歩いて往路に合流、**生樹《いき》の御門**を見学して**大山祇神社バス停**に戻る。

（文＋写真＝石川道夫）

推定樹齢2000年、県天然記念物の生樹の御門。根元の空洞を通り抜けることができる

大山祇神社神門前に立つ御神木のクスノキ。推定樹齢2600年といわれ、数あるクスノキの代表格

CHECK POINT

1 安神山頂上に大山祇神社ゆかりの木花開耶姫命と行場を示す石鎚大神の石碑が立つ

2 安神山からは見晴らし抜群の尾根をたどって鷲ヶ頭山へ向かう

3 宮浦の町並みと芸予の島々を背後に、林道から急坂を直登して山頂を目指す

4 帰路は林道安神線の分岐道標まで引き返し、ここから入日ノ滝へ下りる

26

船旅も楽しめる桜の山へ海抜0メートルから登る

積善山

せきぜんやま
370m

日帰り

歩行時間＝2時間15分
歩行距離＝6.0km

技術度
体力度

コース定数＝9
標高差＝370m
累積標高差 448m 448m

山頂展望台から生名島、弓削島、広島県の因島などを望む

岩城港を降りると目の前に積善山

芸予《げいよ》諸島は、愛媛県と広島県の間、迷路のように入り組んだ海峡をはさんで、大小数十島がひしめく列島群だ。これらの島のなかに登山の対象となる山が数多くある。島のいくつかは瀬戸内しまなみ海道で結ばれているが、海道からはずれ、船でしかアプローチできない山も多い。ひとときの船旅もまた新鮮である。海抜0メートルからの第一歩、登頂時の満足感、隔絶感は、本土の山ではかなわない醍醐味がある。

岩城島《いわぎじま》の積善山もそんな山のひとつである。島内にはほかに顕著な山がなく「一島一山」

■**鉄道、バス**
往路・復路＝JR今治駅から徒歩15分で今治桟橋。今治桟橋から芸予汽船土生行き快速船約50分で岩城港。1日8便、車の乗船は不可。

■**マイカー**
今治港の有料駐車場を利用。別のアクセスとして、しまなみ海道の生口島南ICで降り、洲江港からフェリーで小漕港へ渡る方法もある。

■**登山適期**
ソメイヨシノの見ごろは例年4月上旬。コバノミツバツツジは4月中旬ごろ。

■**アドバイス**
▽遠回りだが、北面のコバノミツバツツジ自生地をめぐる下山コースもある。
▽時間があれば松山藩主が参勤交代の宿に使っていた島本陣（岩城郷土館）を見学したい。岩城港から徒歩10分足らず。入館無料。
▽祥雲寺の舟形ウバメガシは幅10メートル、長さ30メートル。一体化した4本の古木を水平に刈り込み、突き出た主幹を帆柱に見立てたもの。県天然記念物

■**問合せ先**
上島町産業振興課☎0897・75・2500、芸予汽船☎0898・32・6712

■**2万5000分ノ1地形図**
岩城・備後土生

の形をしている。また東隣りの生名島《いきなじま》から望む姿は均整がとれ、「岩城富士」の別名もある。

　島の山旅は険しい山岳地と違い、目に映る風景はあくまで穏やかだ。古い町並みや神社仏閣、名木、伝統行事など、歴史、文化、自然遺産もふんだんに味わえる。

　岩城港で船を降りると、目の前に積善山が横たわり、春は頂稜線に咲きそろうソメイヨシノが見てとれる。町なかを抜け、山頂に通じる車道に出て道なり進むと、ヘアピンカーブの案内図に合う。左折して少し先の**遊歩道入口**から階段道を折り返し頂稜の**鞍部**へ出る。ここから山頂展望台までおよそ500㍍の桜並木が続く。岩城港で見た「天女の羽衣」と称される桜の列がまさにこれだ。さらに展望台からは、生名《いきな》、弓削《ゆげ》、魚島《うおしま》の上島《かみじま》群島をはじめ、しまなみ海道が通る大《お》三島《みしま》、伯方島《はかたじま》、生口島《いくちじま》、因島《いんのしま》が一望できる。

　下山は島きっての古刹、祥雲寺《しょううんじ》を回るコースを下ろう。**鞍部**まで引き返し、そのまま尾根伝いに西展望台を経て遊歩道へ出たら左にとり、林道赤石線へ下りる。南へ200㍍ほど歩いて鋭角に折り返すと、まもなく**祥雲寺**に着く。国重文の観音堂と舟形ウバメガシが見どころだ。さらに車道を南下し、県道岩城環状線に出て**岩城港**へ戻る。

（文＋写真＝石川道夫）

CHECK POINT

岩城港から車道を進み、案内図の少し先の遊歩道入口から山頂へ向かう

パラグライダーの離陸場跡の見晴らし広場は休憩に最高の場所だ

桜並木を登ると展望台に行き着く。芸予諸島のパノラマがほしいまま

下山は頂稜鞍部から西展望所を経て尾根をたどり、林道赤石線に下りる

林道赤石線へ下りたら次の分岐を右に折り返し、道なりに進むと祥雲寺に着く

祥雲寺観音堂は室町後期の建立で、小ぶりだが細工を凝らした造り。国重要文化財

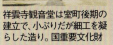

27 経ヶ森・小富士

四十島瀬戸に臨む小さな山と浮かぶ島の富士山に登る

きょうがもり 203m
こふじ 282m

日帰り

①経ヶ森　歩行時間＝1時間30分　歩行距離＝3.5km　技術度　体力度
②小富士　歩行時間＝1時間40分　歩行距離＝2.5km　技術度　体力度

コース定数＝	①5　②6
標高差＝	①186m　②282m
累積標高差	①↗205m　↘222m
	②↗295m　↘295m

松山市の西方、四国霊場五十二番札所太山寺《たいさんじ》から梅津寺《ばいしんじ》海岸へ抜け、高浜《たかはま》駅前から沖に浮かぶ小富士山に登る。興居島《ごご》へは、フェリーで10分、手軽なハイキングコースである。さらに整備された港《みなと》山《やま》から2つの山を眺め、渡し舟で三津浜《みつはま》駅まで足をのばすと楽しい。

①経ヶ森

太山寺バス停から仁王門・参道と進み、右手石段の先に二層の楼門を上がる。鐘楼堂の地獄絵・極楽絵を見て、本堂の上段裏手の**身代わり観音**横に経ヶ森への山道がある。登り10分ほどで高浜四丁目への分岐。右へ行くと20分ほどで観光港前の高浜トンネルの西側に下れる。高浜分岐のすぐ左手が経ヶ森の登り道だ。右は梅津寺への巻道。登り10分で**経ヶ森**山頂に着く。

経ヶ森から南に下ると、すぐに護摩《ごま》ヶ森《もり》への分岐。分岐を直進し、すぐの分岐で左の道を10分ほどで**岩子山**《いわこやま》の山頂だ。岩子山から右手を下りること数分で高浜分岐からの西側巻道に出合う。目前の小富士山を眺め、松と露岩の尾根を10分ほど歩く。途中左手の**墓地**の中を通り、石段下の広い道を進むと**天理教宿舎裏手**に出る。県道向こうの昭和橋を渡り、線路と民家の間を下りると黒岩・梅津寺海岸に出る。**梅津寺駅**はすぐそばだ。

②小富士

興居島泊《とまり》小学校跡手前のデイサービス駐車場の右手に登山標識がある。石畳と狭い路地を登り、荒いコンクリート道をさらに登る。小富士山登山道と**頂上まで700メートルの標識**前を左に進むと、石段が真上に登っている。ツタや蔓のトンネルの登りが続く。振り返ると、眼下に泊港と、その先にターナー島と経ヶ森が望める。

電柱をすぎると、赤い航路標と鳥居の向こうに社があり「石鎚山吹揚山大権現勧請所」の額がかかっている。ここからの眺めは最高

四十島瀬戸と経ヶ森、岩子山

フェリーから端正な山容の小富士山

■鉄道、バス
経ヶ森／往路＝高浜線三津駅より伊予鉄道バスの三津ループ線に乗車、太山寺バス停下車。復路＝伊予鉄道梅津寺駅を利用。
小富士／往路・復路＝伊予鉄道高浜駅下車、高浜港から泊行きフェリーを利用。

■マイカー
太山寺へは松山市街から国道196号、437号、県道183号を利用。

■登山適期
季節を問わず登れる。梅津寺、相子（あいこ）ノ浜、鷺ヶ巣などの海水浴場がある。

■アドバイス
▽近くの港山へ7分の登山コースが整備された。三津の渡し場に出て、市営の渡船（無料）に1分揺られ、三津へ商店街を進むと三津駅に出られる。

お遍路さんと太山寺。左裏手に登山口がある

である。社裏手の竹林を進むと、航空標識灯の近くに**小富士**山頂の三角点がある。さらに西側に進むと視界が開け、**忽那諸島を見わたせる展望所**が開設されている。

下りは往路を引き返す。雨中・雨後などはすべりやすいので、ゆっくり下るとよいだろう。

（文＋写真＝豊田康二）

CHECK POINT

1 本堂の上段裏手の身代わり観音横から経ヶ森への登りがはじまる

2 経ヶ森山頂の十一面観音像が、海難から真野長者を救った伝説のように高浜沖を見下ろしている

3 松山離島振興協会の登山口標識が小富士山頂へ導いてくれる

4 山頂をすぎて西側に行くと、瀬戸内海を見わたせる忽那諸島展望所が待っている

▽秋山好古像が海よりの見晴山に、弟の秋山真之像は大丸山リフト山の麓にある。

▽日本最初の軽便鉄道機関車、坊ちゃん列車が梅津寺パークに展示されている。

▽太山寺は四国霊場五十二番の札所。天平11年聖武天皇の勅願により行基が開基したと伝わる。帝御自らの写経、金光明最勝王経を山の頂に埋めたという伝えがある。

▽毎年10月6日に行われる船踊りは、興居島秋祭りのよびもので、無形文化財に指定。船上で忽那（くつな）水軍の凱旋を祝い、太鼓と拍子木の無言舞踊劇を島の小・中学生が演じる。

▽島の北部、大室の浜から西の山道を入ると、うっそうとした森が見える。ホルトノキを中心とした自然林で、「岩神様の森」とよばれている。松山市の天然記念物に指定、森の中央に大きな花崗岩の岩が露出している。

■問合せ先
松山市観光・国際交流課☎089・948・6556、太山寺☎089・978・0329、ごごしま（高浜～泊フェリー）☎089・961・2034

■2万5000図分ノ1地形図
三津浜

28

北三方ヶ森

松山市最北端、石手川源流の展望の山へ

きたさんぽうがもり 978m

日帰り

①東尾根コース　歩行時間＝3時間40分　歩行距離＝2・5km

②西尾根コース　歩行時間＝2時間　歩行距離＝9・5km

技術度

体力度

コース定数＝① **15**　② **8**

標高差＝① 487m ② 348m

累積標高差　① ↗777m ↘777m　② ↗453m ↘453m

玉川ダム湖から見た北三方ヶ森

北三方ヶ森は、高縄《たかなわ》半島のほぼ中央に位置し、松山・北条《ほうじょう》・玉川《たまがわ》の境界となっている。三方向の蒼社《そうじゃ》川、石手《いしで》川、立岩《たていわ》川の分水嶺で、水源かん養林となっている。登山道は「四国のみち」として整備され、頂上からの展望もすばらしいので、日帰り登山には最適だ。

①東尾根コース

水《みず》ヶ峠トンネルの今治《いまばり》市側入口手前から左側の木地《きじ》奥《おく》林道を行くと登山口の標識がある。車は路肩駐車できる。

水ヶ峠登山口から1・2キロで**水ヶ峠**に登り着く。松山と今治を結ぶ古い街道で、石畳の道が残る。高度差約220メートル、所要約30分。

水ヶ峠からは尾根道となり、擬木100段余の急坂が続く。路肩注意の坂道をすぎ、200段余の急傾斜となり、最初のピークに着く。シャクナゲの群生地をすぎ、杉林を抜けると、古い送電線鉄塔の建つ広場だ。その先、最後の長い勾配の尾根道を進むとベンチとテーブル、三角点のある**北三方ヶ森**山頂となる。

水ヶ峠へは別に、トンネルの松山市側入口右手、水ヶ峠橋から峠ヶ谷林道を入ると広場のある水ヶ峠の真下まで行ける。このほか、南尾根コースは古い登山道で、部分的に荒れて、林道入口で施錠されている。米野《こめの》町の集落をすぎて左折し、高為《こうだめ》林道に入り、分岐を左折し、砂防堰堤の左岸が登山口。登山口から約30分で南尾根の鞍部。さらに約20分で西尾根と出合う。

②西尾根コース

国道371号から県道178号に入り、市道米之野《こめのの》高縄線の宝坂《たからざか》谷、標高630メートル付近の登山口から登る。登山道入口には標識が設置されており、頂上までの高度差は約370メートル。**登山口**から尾根までは標高差140メートルを沢沿いに登

■鉄道、バス

往路・復路＝東尾根コース、西尾根コースともバス路線の利用は難しい。水ヶ峠橋へは、松山市駅から伊予鉄バス河中線の終点米野々バス停へ。徒歩10分で水ヶ峠橋、さらに峠ヶ谷林道を登山口まで35分。

■マイカー

東尾根コースは、国道317号水ヶ峠トンネル今治側から木地奥林道を登山口まで。西尾根コースは国道371号から県道178号へ入り、市

山頂より今治方面望む

る。

尾根に出ると15分ほどで標高**865㍍の小ピーク**に達する。そこから100㍍ほど下り、次に120㍍ほど登ると頂上手前の肩に出る。南尾根の分岐をすぎると、頂上は目前。**北三方ヶ森**の頂上からは、北東方向に今治市や芸予《げいよ》諸島、しまなみ海道が眺望できる。

（文＋写真＝豊田康二）

CHECK POINT

登山口から30分で水ヶ峠に着く。松山側コースの林道駐車場がすぐ下に見える

100段余、続いて200段余の階段が続く試練の急坂が待っている

杉林の中に古い送電線鉄塔が残っている

北三方ヶ森山頂に立つ標識。北側の一段低いところにベンチとテーブルがある

道米之野高縄線の宝坂谷の標高630㍍付近にある登山口まで。

■登山適期

通年登られている。冬季は一部凍結するところもあるので要注意。ヤマザクラは4月上旬、シャクナゲは5月中旬。

■アドバイス

▽水ヶ峠の地名は、峠が蒼社川と石手川の分水嶺に由来している。

▽河中町の両新田神社の境内に「お杖椿」というヤブツバキの大木がある。根元周囲は5㍍以上で、愛媛県内最大。逃げのびた新田義宗が、杖の枝を地面に差したところ、そこから芽吹いたと伝えられる。

▽松山市側に奥道後温泉、今治市側に鈍川温泉があり、登山の汗を流すのに最適。

▽「四国のみち」は四国の優れた自然と八十八箇所霊場を結び、残された遍路道を活用し、四国を一周する自然歩道。高縄半島では第五十一番札所石手寺を起点に高縄山～北三方ヶ森～楢原山～鈍川温泉を経て、第五十八番札所仙遊寺（今治市）までの58㌔が整備されている。

■問合せ先

松山市観光・国際交流課☎089・948・6556、今治市観光課☎0898・32・5200

■2万5000分の1地形図

鈍川・伊予北条

29

伊予水軍が見張りに使った展望の山頂

高縄山

たかなわさん
986m

日帰り

①幸次ヶ峠コース　歩行時間＝4時間5分　歩行距離＝11.0km
②院内コース　歩行時間＝5時間　歩行距離＝5.5km

技術度　体力度

コース定数＝①15 ②17

標高差＝①566m ②907m

累積標高差　①↗580m ↘580m　②↗921m ↘921m

立岩川から見た高縄山

高縄山は、松山市の北部に位置し、瀬戸内海を一望でき、戦国大名・河野氏の菩提寺である高縄寺もある。山頂付近にはブナの原生林が残り、多くの動植物が観察できる。車道が山頂まで通じているが、北条《ほうじょう》側からの院内《いんない》コース、猿川コースと松山側の幸次《こうじ》ヶ峠から四国のみちなどが歩かれている。

①幸次ヶ峠コース

松山市菅沢《すげさわ》町のゴルフ場からさらに1キロほど進んだ先の、柳谷《やないだに》町集落の三差路が**登山口**となる。四国のみちの標識に沿って30分、舗装された道を登ると、**幸次ヶ峠**に着く。ここから長い稜線歩きがはじまる。杉林が多く展望はあまりよくないが、尾根伝いの道で迷うことはない。流レ込ミ、長尾ノ坂、乗り石、一ノ平、二ノ平、シノベノ大谷、三ノ平、お茶ヶ鼻の標識をすぎると、大月山《おおつきやま》の分岐だ。右に15分も行けば、大月山に立つことができる。ここでは分岐を直進して、**石《いし》ヶ峠**へ。峠からは木の間越しにアンテナ塔の立つ高縄山が見える。

手が指のように無数に分かれてみごとな千手杉

石ヶ峠からは県道湯山《ゆやま》高縄北条線をしばらく歩き、水天宮の祠がある高野川源流標識の先から谷を登ると**高縄寺**山門の手前に出る。すぐ上が**高縄山**山頂だ。

②院内コース

院内集会所すぎた右にある駐車場が**登山口**となる。東頭《とうとう》神社の鳥居と左手の池の間に登山道の案内表示がある。馬頭観世音を右に見ながら雑木林の中を進む。大本《おおもと》への分岐、横谷《よこたに》分岐をすぎて、**猪木《いのき》分岐**から登山道に取り付く。尾根伝いに登るが、ほとんど薄暗い杉の植林地帯で、傾斜も急な道だ。

四国のみち周辺に多く咲くキツリフネソウ

800メートルあたりで山頂が見えてきて、振り返ると眼下に北条市街や鹿島《かしま》が望める。雑木林が多くなり、頂上直下を巻くあたりでは、春から初夏に山野草が楽しめる。柳原《やなぎはら》からの林道に出合うと広場となり、千手杉の向こうに高縄寺がある。車道から右の山道に入って頂上へ向かう。**高縄山**山頂には展望台があり、ほぼ360度を見わたすことができる。瀬戸内海一帯、北三方《きたさんぼう》ヶ森《もり》、天気がよければ、しまなみ海道も見える。

（文＋写真＝豊田康二）

CHECK POINT

1 かつては北条への要路であった幸次ヶ峠

2 紅葉の高縄寺。春はしだれ桜が咲き、クマガイソウにも出会うことができる

3 山頂直下紅葉のブナ自然林を院内コースへ下山する

4 東頭神社横のため池。下に院内登山口がある

■鉄道バス
往路・復路＝いずれのコースも、マイカーかタクシーの利用となる。

■マイカー
北条玉川線から西側の院内川沿いに進むと院内集落に着く。また、県道湯山高縄北条線を利用すると山頂まで車で登ることができる。

■登山適期
早春には山野草の花や新緑とバードウォッチング、夏には涼風を求めて、秋には紅葉、冬には霧氷など、家族で手軽に親しまれている。

■アドバイス
▽どのコースも距離があり、体力を要する。
▽高縄寺（☎089・943・9242）の高縄茶屋では、うどんやぜんざいなどの軽食がある。ただし、1〜2月は水不足のため閉鎖。
▽高縄寺の木造千手観音像は県指定の文化財。境内にはしだれ桜があり、早春の満開時はみごと。
▽高縄寺本堂上手にある千手杉（約30メートル）は、地上10メートルから手の指のように枝が分かれてみごと。北へ10分には大師見返り杉、その奥に七本杉（目通り9メートル、現在2本）がある。

■問合せ先
松山市観光・国際交流課☎089・948・6556、

■2万5000分ノ1地形図
伊予北条

玉川湖からみた楢原山

30 楢原山

山岳信仰の歴史を秘めた高縄山系の名山

ならばらさん
1041m

日帰り

①上木地コース　歩行時間＝3時間10分　歩行距離＝5・5km　技術度　体力度

②竜岡木地コース　歩行時間＝3時間5分　歩行距離＝5・0km　技術度　体力度

コース定数＝① **12** ② **12**

標高差＝① 594m ② 548m

累積標高差　① ↗625m ↘625m　② ↗586m ↘586m

楢原山は、うっそうとしたブナ林や杉の巨木に囲まれ、山頂周辺には牛馬の守護神として崇敬を集める奈良原神社や、山岳修験の霊場石碑の残る蓮華寺跡《れんげじ》があり、神秘的な雰囲気が漂っている。登山コースは東西に横断する「四国のみち」として整備されている一方、舗装された湯の谷林道が鈍川《にぶかわ》温泉側から山頂直下の奈良原《ならはら》神社鳥居まで続いている。

①上木地コース

鈍川温泉郷上流に登山口がある東側のコースだ。今治《いまばり》駅から鈍川温泉行きのバスを終点で下車し、8キロほど歩く。途中、約2キロに森林館があり、4・5キロほどで湯之谷林道の入口に着く。ここに楢原山登山口の標識があり、さらに3キロほど上流に向かうと**上木地《かみきじ》登山口**だ。一般的には、ここまで車を利用して、頂上を往復することになる。

植林帯の急坂を高度差150メートルほど登ると尾根に出る。明瞭な尾根道となり、登山口から1時間ほどで、単調なスギ、ヒノキ林に変わってミズナラやイヌシデなどの落葉広葉樹林が多くなり、やがてブナ林も見られるようになる。

稜線に出る手前には、ひときわ大きなスギが2本あり、県の天然記念物「子持ち杉」の表示がある。これは2代目のもので、初代は稜線にあり、今では朽ちかけた大株のみが残っている。稜線に出ると**楢原山**山頂は目前だ。

子持ち杉

初代子持ち杉

整備された楢原山山頂

■**鉄道・バス**

往路・復路＝上木地登山口、竜岡木地登山口とも、バス利用は難しい。一般にはマイカーかタクシーを利用して登山口へ。

■**マイカー**

今治ICから鈍川温泉を経て約8キロで上木地登山口。竜岡木地登山口へは、松山市から国道317号を水ケ

下山は、蓮華寺跡を目指して、**奈良原神社注連石**《しめいし》からトチ、モミ、ブナ林の自然遊歩道を周回するコースを楽しむとよい。

②竜岡木地コース

水《みず》ヶ峠トンネルの北側から蒼社《そうじゃ》川に沿った林道を入った地点。北《きた》三方《さんぽう》ヶ森《もり》登山口をすぎると、左手に鳥居がある。鳥居から約100㍍上流に進んだところが**登山口**だ。

橋を渡り、植林の中のよく整備された道をひたすら登る。階段状の急坂や道端の石仏に目をやりながら、約1時間30分で924㍍ピーク近くの稜線に出る。林道と合流し、**奈良原神社注連石**から約20分も歩けば**楢原山**山頂だ。

（文＋写真＝豊田康二）

CHECK POINT

登山口には「四国のみち」案内板があり、その横から登山道がはじまる

頂上手前の整備された階段をゆっくり登れば楢原山山頂にたどり着く

奈良原神社の注連石右側が自然遊歩道の入口になる

修験者・山伏などの行場だった時代にあったといわれる蓮華寺跡

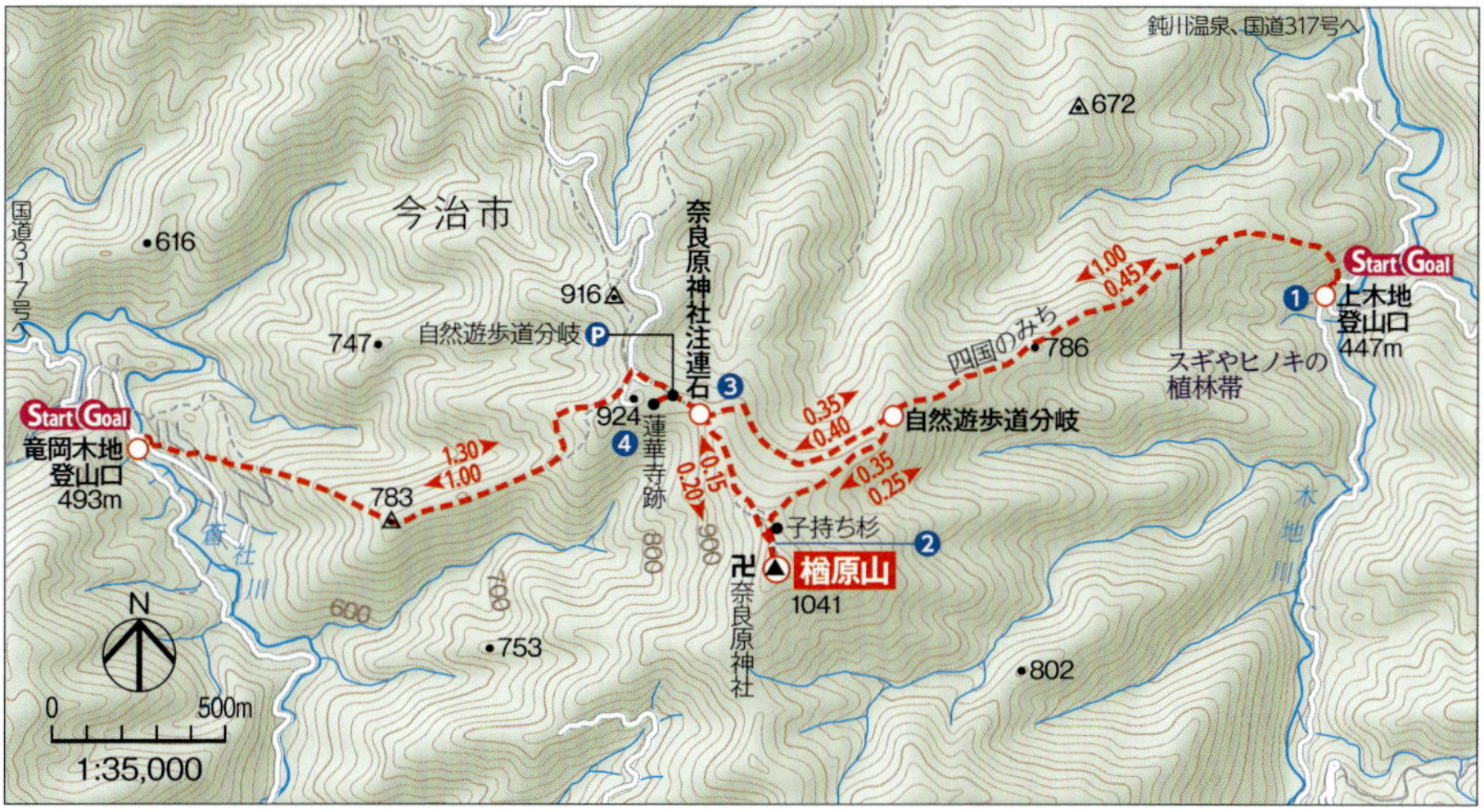

峠トンネル北側で木地奥地線に入り2・3キロ。

■登山適期

3〜12月が適期。紅葉は10月下旬。

■アドバイス

▽昭和9年に楢原山頂上の神社境内の土中から、国宝の銅宝塔が発見された。平安時代のもので、京都・鞍馬山で出土したものと双璧の名品。

頂上経塚発掘跡

▽玉川美術館は田園の中にある小さな美術館だが、黒田清輝、藤島武二、ピカソ、ルオー、ユトリロなどの所蔵作品は大規模な美術館に匹敵する。月曜休館。

▽鈍川温泉はラドンを含んだ弱アルカリ単純泉で、今治藩の湯治場として栄えた。せせらぎに包まれた山間の温泉郷として人気が高く、宿が数軒ある。

▽鈍川温泉の手前には、公営の鈍川せせらぎ交流館（☎0898・55・4477）がある。営業時間は10時30分〜21時、第2・第4月曜休。

■問合せ先

今治市観光課☎0898・32・5200、せとうちバス今治営業所☎0898・23・3881

■2万5000分の1地形図

鈍川

俵飛山福見寺に着く

新宮神社境内の三本杉

31

平安時代からの信仰の山から松山市最高峰へ

福見山・明神ヶ森

ふくみやま 1053m
みょうじんがもり 1217m

日帰り

歩行時間＝5時間5分
歩行距離＝11.0km

技術度 ■□□□□
体力度 ■■□□□

コース定数	＝22
標高差	＝891m
累積標高差	↗1181m ↘1181m

高縄山から見た明神ヶ森(左)と福見山(右)

松山市の最高峰・明神ヶ森は、高縄《たかなわ》山系に属し、石手《いして》川、重信《しげのぶ》川の水源涵養森として道後《どうご》平野を潤している。福見川周辺には三本杉、アカガシの巨木がある。明神ヶ森へは、福見山を経由するコースのほか、重信町神子野《みこの》から福見寺まで林道を使うコースもある。

ここでは前者を紹介しよう。福見川沿いに進み、集会所横の**三本《さんぼん》杉《すぎ》入口**標識近くに駐車する。新宮《しんぐう》神社境内へ向かって石段を登ると県内随一の三本杉の巨木がある。境内を抜け、車道を5分で林道が分岐する。右を川沿いに進むと「右・福見山道登十八丁」と刻まれた石碑が登山口となる。

登山口から丁石がところどころ残る森林作業道を行く。途中で舗装路から砂利道に変わると、まもなく十二丁の丁石が確認できる。鞍部のすぐ手前まで来ると、**福見寺への石標**があり、左への参道を折り返すように登る。展望のきかない人工林から、石垣や屋敷跡が現れ、竹林の中を行くと、**福見寺**に着く。瀬戸内海航行中の船から、この地まで俵が飛んで、飢饉で苦しむ村人を救った由来が残る古刹だ。鐘撞堂、桜の大木もあり、本堂の屋根の「俵」文字瓦がおもしろい。林道を100㍍ほど下ったところには水場もある。

本堂の裏から蔵王堂の横を通り、急坂を登る。**福見山**山頂は標識がなければ気づかないかもしれない。展望もほとんどきかないので、休憩は早々に切り上げて、先を進もう。

山頂から急な道を下る。樹林の間に明神ヶ森の山が見える。右手

■鉄道・バス
往路・復路＝伊予鉄松山駅から伊予鉄バスで河中下車、福見川沿いに新宮神社まで2キロ弱で登山口へ。神子野の福見山登山口バス停へは、伊予鉄横河原駅から伊予鉄バス木地行きを利用。バス停の上流300㍍先に登山口の標識がある。

■マイカー
松山市から国道317号を日浦小学校で右折し、福見川町へ向かう。また、横河原から県道152号で神子野セメント工場横の林道を福見寺まで行くことができる。ただし、神子野～福見寺間の林道は路面が悪く、四輪駆動車しか入れない。

■登山適期
春と秋がよい。明神ヶ森山頂付近は10月下旬が紅葉シーズン。

に林道が見えると**鞍部**である。鞍部から再び急登が続く。山頂に近づくと、ケヤキやブナ、ミズナラの大木が点在する二次林となり、笹道を登ると**明神ヶ森**山頂だ。木々の間からわずかに遠望できるのみで展望はよくはない。

下山は**鞍部**まで戻り、林道を歩いて福見寺へ引き返す。一部カヤが道を覆って歩きにくいところもあるが、石鎚《いしづち》連峰を望むことができる。途中、神子野からの林道に出合うと、ほどなく**福見寺**に帰り着く。あとは往路を出発点の**三本杉入口**へ戻る。

（文＋写真＝豊田康二）

CHECK POINT

車道の右に福見寺への桟道を示す石碑が立っている

草木に覆われた福見山山頂の観音像と三角点

明神ヶ森山頂手前にブナやミズナラの二次林の森が広がる

木立に囲まれた明神ヶ森山頂。北側が伐採されていて、少し展望が得られる

■**アドバイス**

▽コースは安全だが、登山者はことのほか少ない。

▽三本杉は、実際は2株で、1株は地上1・4㍍の位置で2本に分かれている。胸高幹周12㍍で、他の1株は8㍍。樹高は55㍍と50㍍、樹齢は500年以上といわれている。

▽集落から1・8㌔には今治谷のアカガシがある。根回り8・3㍍、胸高幹周6・3㍍、樹高25㍍、樹齢300年を超えると推定され、県内最大木。山の神として崇敬され保護されている。

アカガシの巨木

三本杉

▽日帰り入浴は、奥道後壱湯の守☎089・977・1111、ふるさと交流館さくらの湯☎089・960・6511、東温市見奈良利楽温泉☎089・955・1126など。

■**問合せ先**

東温市産業創出課☎089・964・2001、伊予鉄バス川内バスターミナル☎089・966・2009

■**2万5000分ノ1地形図**

東三方ヶ森

32

シャクナゲとブナの尾根道をたどる

東三方ヶ森

ひがしさんぽうがもり
1233m

日帰り

歩行時間＝5時間55分
歩行距離＝13・5㎞

技術度

体力度

コース定数＝**28**

標高差＝863m

累積標高差 ↗1618m ↘1618m

1038メートルピークより東三方ヶ森を望む

シャクナゲの古木が群生するシャクナゲ尾根

高縄《たかなわ》山系の南に位置し、重信《しげのぶ》川の源流部にある東三方ヶ森は、横《よこ》河原《がわら》から北方にその山容が望まれる。木地《きじ》地区から3時間30分ほどで登ることができる山である。

横河原駅から重信川沿いに上流へ11キロほど入ると、えひめ酒だる村跡の木地バス停に着く。バス停のすぐ先から阿歌古《あかご》渓谷に沿って右手に林道がのびている。この道を歩いていく。増水時には徒渉地点で車両通行不可。林道の崩壊も頻繁で、途中までとなる荒れた林道だ。

木地バス停から林道終点まで徒歩約1時間。**林道終点**の白角柱から河原まで下り、右手を進む。途中、中州へ渡り、左手対岸に国有林の標識が見えたら沢を渡る。付近は少し広く、炭焼きや製材が行われた小屋の石組みが残る。沢沿いを進み、流れを右手に渡ると、竹林の中に標識が現れ、ここが**登山口**となる。

杉林の中を30分ほど登ると「保安林」の錆びた標識

■鉄道・バス
往路・復路＝伊予鉄横河原駅から伊予鉄バス28分、終点の木地バス停で下車する。平日5便、土・日曜2便の木地行きのバスが運行している。

■マイカー
松山自動車道川内ICから、約14キロ、国道11号、県道152号を走り、木地のえひめ酒だる村跡へ。

■登山シーズン
3～11月が適期。4月中旬ごろのヤマザクラ、5月の中旬ごろのシャクナゲの開花時期がおすすめ。

■アドバイス
▽阿歌古渓谷は5キロほどの渓谷で、砂防ダム上流から紅葉河原、山乙女ノ滝など十数箇所の大滝と紅葉の谷が美しいが、道標がなく、わかりにくい。
▽木地から東へ、県道寺尾重信線を2キロほど先の町界近くの北岸に砂岩や泥岩層の露頭があり、数千万年も昔の波形が化石となった漣痕の化石、「さざれの跡化石」が見られる。
▽さらに上流2キロの稔山中腹には「一目五千本桜」といわれるヤマザクラの名所がある。
▽東温市北方にはナトリウム炭酸水素塩泉のふるさと交流館さくらの湯（☎089・960・6511）が、東温市見奈良には天然温泉利楽（☎089・955・1126）がある。

■問合せ先

があり、尾根への急登となる。松林の中を約40分で**第1ピーク**に立つ。対面の山々や、東温《とうおん》市街が遠く望め、高度感が増す。

背の高いササの中を登っていくと、シャクナゲのトンネルの尾根道となる。明神《みょうじん》ヶ森《もり》、白潰《しらつえ》の尾根を見ながら主尾根に出る。分岐を左へ進むと前が開ける。ここもシャクナゲの古木が群生している。数回岩場のピークを越えていく道で、下りはすべらないよう注意したい。30分ほどで、ブナ林の中の**稜線分岐**を左に進むと**東三方ヶ森**に着く。樹間から玉川《たまがわ》、東予《とうよ》方面の展望がある。

下山は登った道を戻るか、頂上手前の分岐を東に進み、下ったすぐの分岐から板にテープで矢印が示されている南尾根を下ってもよい。**関屋《せきや》林道登山口**からは木地まで6キロ、1時間30分の林道歩きが待っている。あるいは、北面の1000メートル付近まできている林道を川沿いに下りることもできるが、この場合は、かなりの林道歩きとなる。

（文＋写真＝豊田康二）

東温市産業創出課☎089・964・2001
■2万5000分の地形図
東三方ヶ森

CHECK POINT

木地バス停から阿歌古渓谷沿いの林道を歩いていく

林道終点の白い角柱横を通って河原へ下る

沢を渡ると、竹林の中に登山口の案内板がある

竹林の坂道を上がり、保安林の錆びた標識から急坂を登っていく

ブナ林のやせ尾根の先に東三方ヶ森の山頂がある。北側、東予方面が開けている

急傾斜の尾根を下っていくと、関屋登山口に着く

33 皿ヶ嶺

県立自然公園として親しまれる味わい深い山

日帰り

さらがみね
1278m

歩行時間＝5時間
歩行距離＝6・5km

技術度
体力度

コース定数＝**14**
標高差＝326m
累積標高差 ↗491m ↘491m

皿ヶ嶺山頂

ケヤキやブナの巨木が登山道に

松山市内から南方向に、お皿を伏せたような見えるのが皿ヶ嶺だ。一帯は県立自然公園となっていて、動植物の宝庫といわれている。登山道は、六部堂《ろくぶどう》や上林《かんばやし》峠、上林風穴《かんばやしふうけつ》、引地山《ひきちやま》登山口からなど、いくつかあるが、最も親しまれている上林風穴起点のコースを紹介しよう。その他のコースについては、サブコースとして概略を紹介する。

下林から30分、標高95メートルまで舗装林道が利用できる。途中水《みず》ノ元《もと》で清水そうめん流しが夏限定で開かれる。上林森林公園内には、ブナ林の遊歩道など、遊歩道が整備され、トイレもある。広い駐車場がある**風穴登山口**から歩きはじめよう。風穴は真夏でも冷気が漂い、神秘的なヒマラヤの青いケシも楽しめる。

左手の階段を登ると、ケヤキやブナの巨木が登山道に現れ、四季折々の山野草の花も楽しめる。重信《しげのぶ》を見わたせるベンチの休憩所をすぎ、沢を横切り、杉林を抜けて、案内にしたがって進むと空が広がり笹原が現れる。

皿ヶ嶺周辺案内図のあるところから山頂周回コースの登山道がはじまる。標高1145メートルの**竜神《りゅうじん》平《だいら》**の湿原に着くと、ブナ林の中に赤い屋根の愛大小屋が目に入る。小屋左の登山道を進むと、畑野川《はたのがわ》・皿ヶ嶺山頂への**分岐**のT字路となる。杉林から20分ほど登り、大きなブナの森を登ると**皿ヶ嶺**山頂

■鉄道・バス
往路・復路＝上林風穴登山口をはじめ、各登山口とも、バス停から距離があったり、バス便が少ないことから、一般にはマイカーもしくはタクシーの利用となる。

■マイカー
上林森林公園へは、松山自動車道川内ICから約14キロ。六部堂へは松山自動車道松山ICから国小津33号などで約21キロ。引地山登山口へは、国道33号、三坂道路などで約25キロ。

■登山適期
四季折々に楽しめる。春は新緑や山野草、夏は竜神平でキャンプ、秋は紅葉など家族で楽しめる。厳冬期は積雪もあり、沢筋は凍結する。

■アドバイス
▽風穴は天然のクーラーで、夏は涼を求める人でにぎわう。ヒマラヤの青いケシは初夏に楽しめる。
▽湧水集落から左へ折れると白糸ノ滝がある。林道から20分で滝の下に出る。
▽上林の近くの重信川沿いには湧水群がある。高速道路の高架手前右の森が柳原泉、左の森が三ヶ村泉である。
▽温泉は、東温市見奈良に見奈良天然温泉利楽（☎089・955・1126）、また、久万高原町の久万高原ふるさと旅行村（☎0892・41・0711）にはケビンがあり宿泊

に着く。久万高原町《くまこうげん》や石鎚《いしづち》連峰を望むことができる。尾根を標高差10メートルほど下がったところに三角点が置かれている。

下山はこの尾根を**十字峠**まで下る。直進すれば引地山へ、左折すれば六部堂の道となる。ここは右の竜神平へ道を下ると、20分ほどで**竜神平**の原に戻る。湿原の中を北東方向に30分ほど行くと**上林峠への分岐**。左に折れ、平坦なミズナラとブナ林の心地よい道を進んで行くと、ほどなく風穴の**分岐**に出合う。あとは往路を**風穴登山口**に戻る。

■その他のコース

①十字峠コース

風穴から右手に引地山への尾根道に直登するルートがある。尾根の**分岐**から右が引地山への道、左が**十字峠**を経て**皿ヶ嶺**山頂へ。風穴から1時間30分の行程。

②畑野川コース

上林峠トンネルを越え、畑野川側へ約1キロ下ったところが**登山口**。沢沿いに登り、途中、小沢を越えて尾根伝いに行く皿ヶ嶺直登ルートもあるが、竜神平手前の丁字路になった**畑野川分岐**から山頂を目指す。登山口から山頂まで1時間20分ほど。

③六部堂越コース

六部堂バス停の横、猪柵の谷沿いに続く植林帯を登る。小沢と排水口の上の林道に出て、林道右手の標識を登ると**六部堂越**に着く。あとは尾根伝いに登ると**皿ヶ嶺**山頂だ。六部堂バス停から1時間45分の行程である。

④樅の木コース

六部堂バス停から樅の木林道を行く。標識は明白だが、途中何度も林道を横切り、十字峠手前では作業道を登る。十字峠まで1時間20分の行程。

⑤引地山コース

スキーランド奥の林道、電波塔手前が**登山口**。赤柴《あかしば》峠先の急斜面は迂回路を利用するとよい。

（文＋写真＝豊田康二）

CHECK POINT

夏でも岩の間から冷風が吹いてくる風穴の左手から階段を登る

竜神平には赤い屋根の愛大小屋や水場がある。ひと休みして左手の道から山頂へ

畑野川分岐からブナの森を登ると皿ヶ嶺山頂に着く。イスとテーブルがある

山頂250メートル下部の三角点から、右手にカラマツ林を見ながら十字峠に着く

再び竜神平に着き、湿原を北東に上林峠方面に向かう

上林峠への分岐を左に進む。ミズナラやブナの心地よい道が続く

左上：引地山への登山口
右上：六部堂越登山口
右下：樅の木登山口

できる。

▽久万天体観測館（☎0892・41・0110）は、600ミリの反射望遠鏡がある四国初の天体観測館で、プラネタリウムも楽しめる。天文台は予約が必要。

■問合せ先

東温市産業創出課☎089・964・2001、久万高原町ふるさと創生課☎0892・21・1111、伊予鉄バス☎089・948・3172

■2万5000分ノ1地形図

石墨山

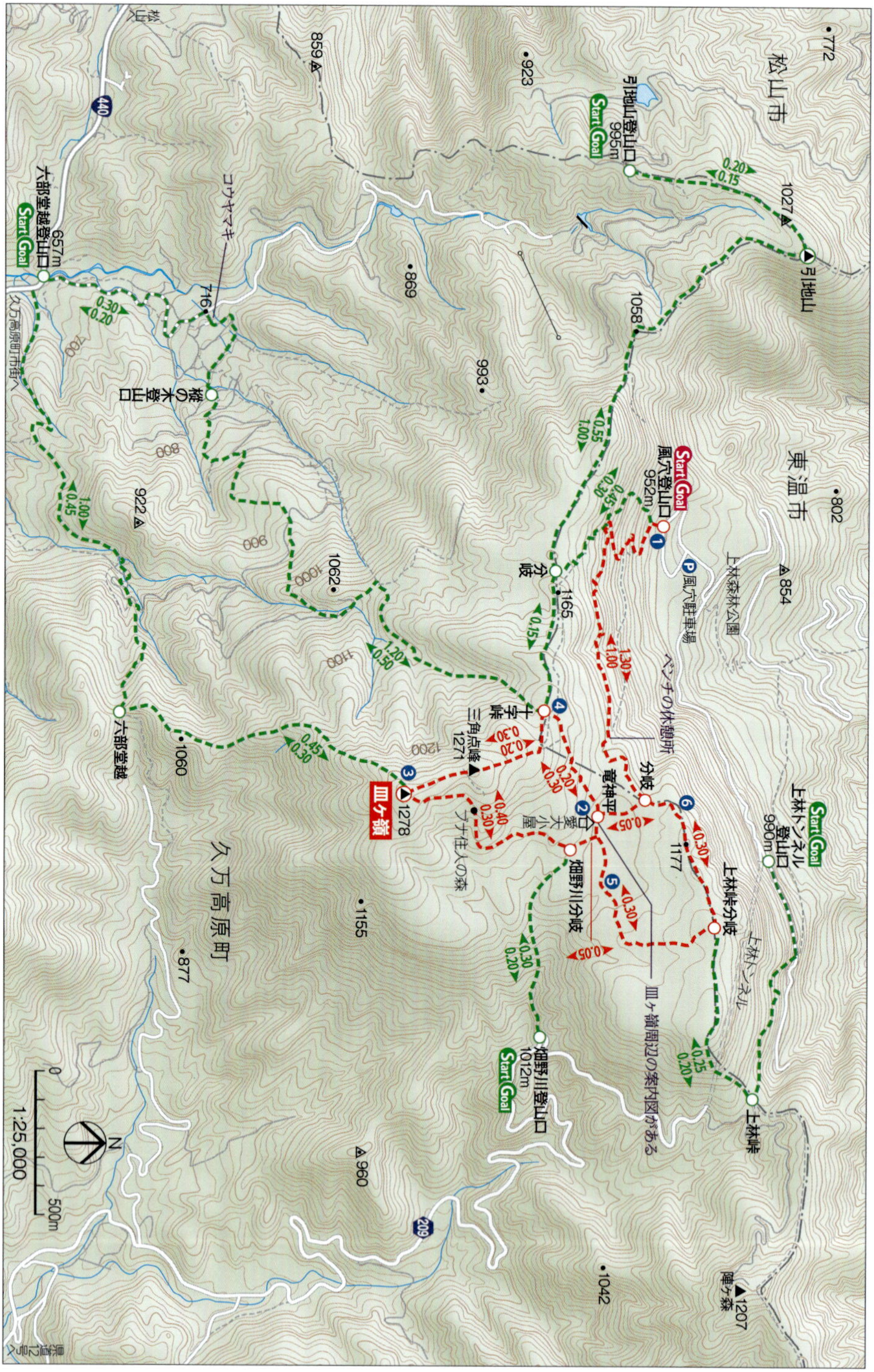
松山市
東温市
久万高原町
引地山登山口
995m
Start Goal
引地山
1027
1058
風穴登山口
952m
風穴駐車場
上林森林公園
ベンチの休憩所
分岐
1165
竜神平
愛大小屋
十字峠
三角点峰
1271
皿ヶ嶺
1278
ブナ仕人の森
畑野川分岐
畑野川登山口
1012m
上林峠分岐
上林トンネル登山口
990m
上林トンネル
上林峠
1177
皿ヶ嶺周辺の案内図がある
六部堂越
六部堂越登山口
657m
久万高原町市街へ
樅の木登山口
コウヤマキ
716
922
1062
1060
1155
877
960
1042
陣ヶ森
1207
993
869
923
859
772
802
854
440
209
1:25,000
500m
N

34

黒森山

遍路道をたどり、松山平野展望の頂上へ

日帰り

くろもりやま
１１５４m

歩行時間＝４時間50分
歩行距離＝１３・０km

技術度
体力度

コース定数＝**21**

標高差＝1030m

累積標高差 ↗1176m ↘600m

丹波から三坂方面を望む

松山市の南、久万高原町《くまこうげん》との境界に位置している。上部まで林道がのびているが、久谷《くたに》から三坂峠《みさか》へ、遍路道をたどって山頂を目指してみよう。

伊予鉄バスを終点の**丹波**《たんば》**バス停**で下車。道路脇に「松山札の辻より四里」の古い石柱が立っていて、四十四番大宝寺《たいほうじ》、四十五番岩屋寺《いわやじ》から三坂峠を越える遍路道を逆にたどる。

松山札の辻より四里

「四国のみち」の標識にしたがって行くと大師堂に出合う。弘法大師が、網に入れて担いだために網目模様が残ったといわれる大きな**網掛石**《あみかけいし》**（鯨石**《くじらいし》**）**が道脇にある。田畑の中に道が続き、秋には彼岸花と遍路装束によく似合う道だ。

坂本屋でお茶の接待を受けると、すぐに**車道終点**となる。ここから峠までは登り道だ。あずまやをすぎ、石畳の残る鍋割坂あたり

弘法大師ゆかりの網掛石

■**鉄道・バス**
往路＝松山市駅から伊予鉄松山三坂線のバスで森松へ。ここで丹波行きに乗り換え、終点の久谷町丹波バス停で下車。所要1時間18分。
復路＝三坂峠バス停からＪＲバスで松山駅へ。所要1時間2分。

■**マイカー**
国道33号森松から県道１９４号で久谷小学校へ。さらに県道２０７号で丹波を目指す。駐車は路肩を利用する。国道33号三坂峠では峠脇に駐車スペースがある。

■**登山適期**
春は4月中旬のヤマザクラ、秋の紅葉は10月中旬が見ごろ。厳冬期は一部凍結する。

■**アドバイス**
▽網掛石は、鯨が網をかけられた姿から鯨石ともよばれる。
▽四十六番札所浄瑠璃寺に弘法大師伝説の丹波の網掛石の破片がある。市の天然記念物のイブキビャクシンは樹齢１０００年といわれる。弁天池のハスの花は6～7月が見ごろ。
▽四十七番札所八坂寺の宝筐印塔は馬耳形突起の傾斜から鎌倉時代の作といわれる。
▽丹波バス停から南東に安山岩の柱状節理の崖が見られる真城ヶ台がある。上部は四国炭鉱とよばれ、かつては瀝青炭という無煙炭に近い上質の石炭が掘り出されていた。

から振り返ると、久谷の眺めがよい。ほどなく、国道33号の**三坂峠**《みさか》に登り着く。

　国道を横切って林道に入ると、1・5キロほどで**ボーイスカウト野営地**の新和敬荘《しんわけいそう》がある。さらに進むと、林道が分岐する。右に、両脇に低い鉄柱の立つ林道に入る。くねくねと林道が続き、やがてヒノキ林に入ると、ほどなく無線中継所の**鉄塔**に着く。

　鉄塔から裏手の林道を登ると、黒森山方向を示す標識が立っている。中《なか》ノ峰《みね》を経由して尾根沿いに歩く登山口である。岩に付けられたロープのあるあたりで振り返ると久万の町が一望できる。

　足もとが岩で囲われてくると、スズタケをかき分けながらの尾根歩きとなる。小峰を下り、林の中の道を行き、少し登ると再びスズタケをかき分ける。小さな標識にしたがい、久万側はヒノキの植林、松山側は広葉樹の尾根道を登ると**黒森山**山頂だ。一角に「天保十二年丑石工平四郎」銘の小さな四角い石仏が安置されている。北側が伐採されていて、松山平野を一望することができる。

　下山は往路を引き返すが、ヒノキの植林された付近から右手に見える林道に下りると、中ノ峰を登らずに10分ほどで鉄塔手前の登山口に戻ることができる。

　三坂峠からは本数は少ないが松山方面行きのバスが利用できるので、事前に時間を調べて利用することにしよう。

（文＋写真＝豊田康二）

CHECK POINT

1 林道終点先の牛舎横を登っていくと峠道を見守る地蔵が祀られている

2 一ノ王子社跡のあずまや。かつてはここから石鎚山頂まで道があったといわれる

3 鍋割坂は久万街道随一の難所で、かつては石畳の急坂だったといわれる

4 右手高台の石地蔵のある三坂峠・標高719メートルは街道の要衝

5 ボーイスカウト新和敬荘前の林道をさらに進んでいく

6 林道の分岐は右側の林道に入る。入口の両脇に低い鉄柱がある

7 無線中継所鉄塔裏手を進むと、中ノ峰に登る登山口となる

8 山頂には石仏があり、北面の松山方面の眺望がよい

▽葛掛五社神社の森はイチイガシ、ウラジロガシ、カゴノキ、ヤブツバキなどの大木の群生林となっている。
▽三坂峠までは遍路道で、桜の坂本屋は3〜11月までの土・日曜に地元の有志によるお接待がある。

遍路接待の坂本屋

▽背丈を超えるスズダケを分けて登るので、長袖、手袋、首元のガードが必要。
▽重信川南の中野町甲853にナトリウム塩化物温泉のていれぎの湯（☎089・963・3535）がある。

■問合せ先
松山市観光・国際交流課☎089・948・6556、久万高原町ふるさと創生課☎0892・21・1111

■2万5000分ノ1地形図
砥部

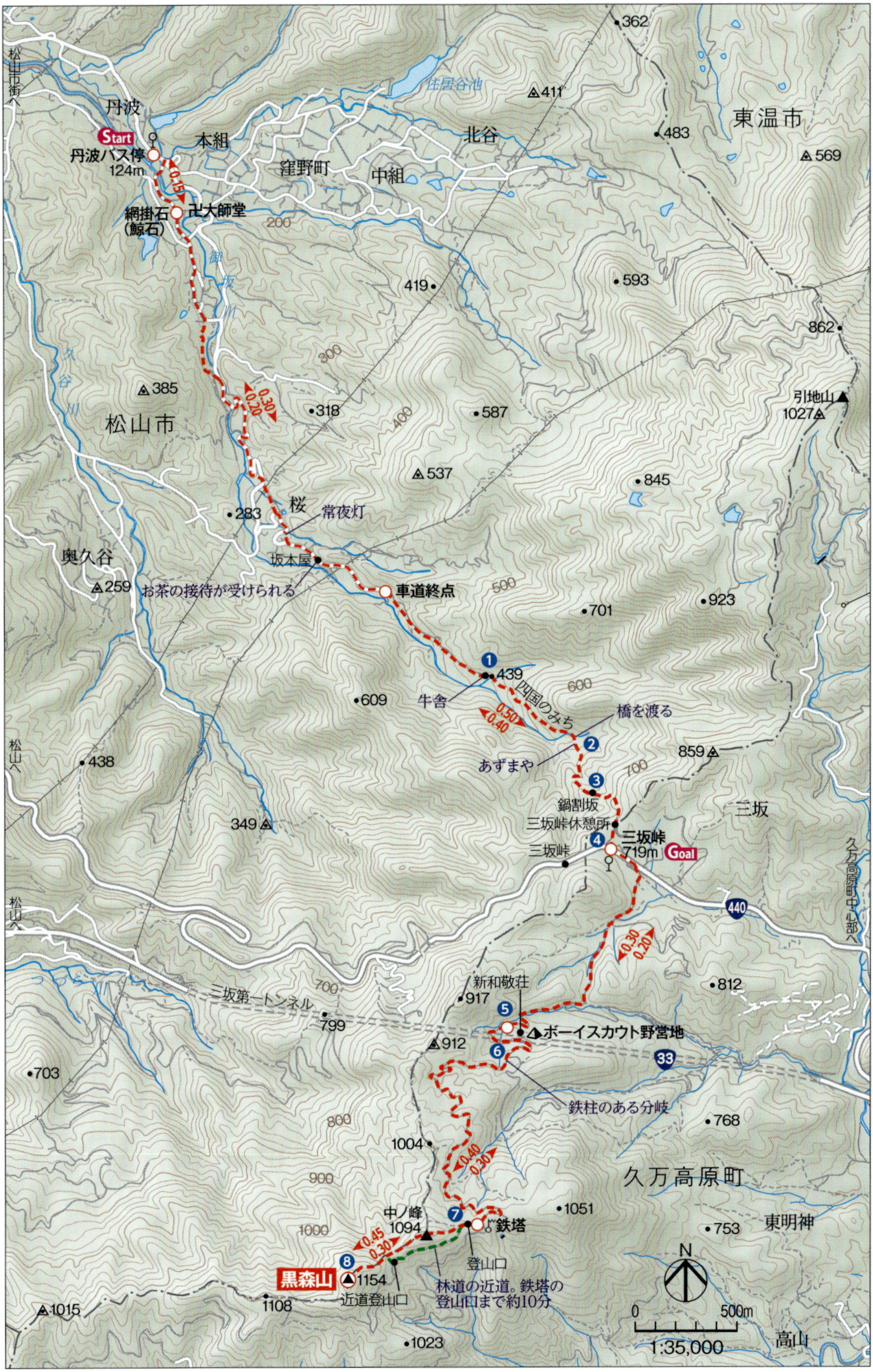

丹波
Start
丹波バス停
124m
本組
窪野町
中組
北谷
住居谷池
東温市
網掛石
(鯨石)
卍大師堂
松山市街へ
松山市
奥久谷
桜
常夜灯
坂本屋
お茶の接待が受けられる
車道終点
牛舎
四国のみち
橋を渡る
あずまや
鍋割坂
三坂峠休憩所
三坂峠
719m
Goal
三坂
引地山
1027
松山へ
三坂第一トンネル
新和敬荘
ボーイスカウト野営地
鉄柱のある分岐
中ノ峰
1094
鉄塔
登山口
黒森山
1154
近道登山口
林道の近道。鉄塔の登山口まで約10分
久万高原町
東明神
久万高原町中心部へ
高山
1:35,000

35 快適な尾根道と漱石や子規も訪れた渓谷美を満喫する

石墨山

いしずみさん　1457m

日帰り

歩行時間＝4時間
歩行距離＝6・5km

技術度 ■■□□□
体力度 ■□□□□

コース定数	＝15
標高差	＝613m
累積標高差	↗772m ↘772m

岩場から石鎚連峰の眺め

唐岬ノ滝

石墨山は皿《さら》ヶ嶺《みね》連峰の東端に位置する連峰の最高峰で、登山口となる唐岬《からかい》ノ滝や白猪《しらい》ノ滝には、漱石や子規らが吟行に訪れ、渓谷美を賞した句碑が往時の人気ぶりを物語っている。南側の直瀬《なおせ》から山容を望むことができ、石墨神社参道への登山道が整備されている信仰の山でもある。

松山から車で1時間30分ほど走ると、国道494号の**唐岬ノ滝入口**に着く。広場の横に標識がある。登山口を入るとすぐに分岐があり、左手の作業道を登る。植林帯を行くと平坦路と南側へ向かう作業道が分岐する。左手の道を行くとすぐに**割石《わりいし》峠**だ。ただし、地図上の割石峠は黒森《くろもり》峠側へ300㍍ほど下ったところになる。

草やぶに隠れた東温《とうおん》高校山小屋の前で尾根に取り付く三差路となる。南へ向かうと、やがて急勾配の尾根道に変わる。雨後はすべりやすくなるので、難渋する。右手は雑木林、左手はヒノキなどの植林帯を40分ほどで見晴らしのよい笹原の**肩**に出る。ここで西の白猪峠方向への道を確認しておこう。南東方向へ尾根を進むと、笹原の中にブナ林が広がり、南側の展望が開けて爽快なムードを満喫できる。

岩場に出ると、眼下に樹海が広がり、秋にはツツジなどが赤く染まる。すぐに**石墨山**山頂に立つことができ、大川嶺《おおかわみね》、中津明神山《なかつみょうじんやま》、

■鉄道・バス
往路・復路＝伊予鉄横河原駅から白猪ノ滝口行き伊予鉄バス23分で終点下車。土・日曜、祝日運休。バス停から登山口までも距離があり、一般にはマイカーかタクシーを利用する。

■マイカー
松山自動車道川内ICから国道11号、494号で唐岬ノ滝入口へ。

■登山適期
10月中・下旬の紅葉のころがベスト。梅雨時期はササユリも咲いている。

■アドバイス
▽石墨山の山名由来は、「石墨神社背後の岩壁から奇石、墨の如く、硯にあて、之に代用することが出来るものを産するからだ」と『四国アルプス』の著者北川淳一郎が上直瀬の宿で聞き書きしている。
▽唐岬ノ滝を訪れた漱石は「滝五段一段ごとの紅葉かな」と詠んでいる。
▽石墨大権現とよばれた石墨神社は、山頂から南へ1㌔下ったところに今も残っている。
▽白猪ノ滝は、厳冬期に滝全体が氷結し、荘厳な氷の芸術を堪能できる。例年11月3日に白猪ノ滝祭りが開かれ、ハイカーでにぎわう。
▽温泉は、ふるさと交流館さくらの湯☎089・960・6511、見奈良の利楽温泉☎089・955・1126が利用できる。

■問合せ先

梅ヶ谷山から見た石墨山。左遠景は石鎚山

筒上山《つつじょうさん》、石鎚山《いしづちさん》、堂《どう》ヶ森《もり》と、大パノラマが楽しめる。

展望を楽しんだら**肩**へ戻る。本稿では白猪峠に向かうが、初心者は往路を下った方が無難だ。**法師《ほうし》山《やま》分岐**から法師山へは100㍍《メートル》ほどを往復する。白猪峠に近づくと文化7（1810）年銘の地蔵が祀られている。

白猪峠から白猪ノ滝分岐までは、かつて炭俵を負った駄馬が通った旧街道だ。

下り着いた**白猪ノ滝分岐**からは、新旧の植林の境に登山道がつけられている。沢を横切る付近は迷いやすいので注意したい。右手の尾根を越えると森林作業道がのびていて、**唐岬ノ滝入口**に続いている。作業道は縦横に交差し、迷いやすいので注意しよう。

（文＋写真＝豊田康二）

CHECK POINT

1

唐岬ノ滝案内板横にトイレがある。案内板から左に数歩先が登山口だ

2

東温高校山小屋の前にT字路の案内板がある

3

急坂の尾根につけられたロープを登ると、肩の三差路は近い

4

稜線上のブナ林は枝を大きくのばした樹木が多い

5

山頂からは西側以外は展望がよく、石鎚山もくっきりと見ることができる

6

稜線を下り、白猪峠三差路を右手の白猪ノ滝方向へ下っていく

東温市産業創出課☎089・964・2001

■2万5000分ノ1地形図
石墨山

梅ケ谷稜線から道後平野を望む

36 東温アルプスのブナの尾根を行く
梅ヶ谷山・うなめご

日帰り

歩行時間＝3時間30分
歩行距離＝3.5㎞

技術度

体力度

ばいがたにやま 1316m
うなめご 1284m

コース定数＝**12**

標高差＝266m

累積標高差 548m 548m

松山市の南に連なる山並みで、近年縦走路として整備されたコースを紹介しよう。梅ヶ谷山は久万《くま》側では「猿口山《さるくちやま》」ともよばれ、井《い》内《うち》川の最上流部に位置している。一方のうなめごは、別名「善神《ぜんじ》ヶ森《もり》」「奥前神山《おくぜんじやま》」「遅越山《おそごえさん》」などともよばれるが、久万高原《くまこうげん》町直瀬《なおせ》と井内を結ぶ街道の峠名である「うなめ越《ごえ》」から名づけられた山名だ。

県道美《み》川《かわ》川内《かわうち》線の井内峠隧道を抜けた地点の**登山口**から歩きはじめると、5分で**井内峠**に出る。まずは、東へ梅ヶ谷山を目指そう。快適なブナとミズナラの尾根道が続いている。左眼下に道後《どうご》平野が広がってくると、ほどなく**梅ヶ谷山**山頂に着く。さらに5分ほど北に行くと**展望地**があり、石墨山《いしずみさん》を前景に、石鎚《いしづち》連峰が仰げるビューポイントになっている。さらに北へ向かうと樽谷山《たるたにやま》、根無山《ねなしやま》を越えて白猪《しらい》峠から石墨山や唐岬《からかい》ノ滝へも足をのばすことができる。

山頂からは往路を**井内峠**に戻り、うなめごを目指そう。井内峠からしばらくは平坦な尾根道だが、ススダケの背丈が高くなり、見通しが悪くなる。やがて昭和初期まで続いた預け牛の習慣の名残をとどめ、三界万霊の台座に地蔵が見守る**うなめ越**に着く。ここをすぎると、ブナ林が広がり、傾斜が増してきて、クマザサをつかみながらの直登となる。登り着いた縦走路の分岐から、左へ50メートルほど行くと**うなめご**山頂だ。

下山は往路を井内峠下の**登山口**に戻る。あるいは、無線中継所がある陣《じん》ヶ森《もり》を経て、上林《かんばやし》峠から皿《さら》ヶ嶺《みね》へ向かうこともできる。

（文＋写真＝豊田康二）

展望台前ブナ林の林

霧氷に覆われた梅ケ谷稜線を下る

■**鉄道・バス**
往路・復路＝伊予鉄横河原駅発の伊予鉄バスで終点の井内北間バス停が最寄りだが、登山口トンネルまでは約9キロ、標高差は670メートルあるため、マイカーかタクシーの利用が一般的。

■**マイカー**
川内ICから国道11号則之内交差点を右折し、県道210号を14・6キロで登山口。井内峠トンネルまでは完全舗装だが、砂防工事車両に注意。

■**登山適期**
5月中旬の新緑、10月下旬の紅葉のころがおすすめ。11月下旬の霧氷もいい。

■**アドバイス**
▽登山道は、地元のさくら山行会などによって整備され、東温アルプスの名にふさわしい縦走路として注目

CHECK POINT

1 井内隧道南側の東に登山口の標識があり、登山道に入っていく

2 5分ほどで隧道上の井内峠分岐に登り着く

3 小ピークをすぎると、ササとブナの森が現れる

4 ササの苅られた登り坂の先に反射板が見えると山頂は近い

5 反射板のフェンス沿いに案内板と三角点がある梅ヶ谷山山頂

6 首の座った地蔵が峠を見守るうなめご越

7 ブナ林に囲まれた通称・元気坂を登るとうなめご手前の分岐に着く

8 分岐から50メートルほどでうなめご1284メートルの山頂だ

されている。
▽地元の井内出身で『四国アルプス』の著者北川淳一郎氏は『続川内町誌』所載の「ふるさとの山々」（昭和43年刊）に、「うなめごは善神山とは別の山である。うなめごは石鎚山脈本線上の一ピークであるが、善神山はうなめごの西の一無名峰から北に派生している一支脈上の山である」と記している。
▽うなめ越の名称は、昭和初期まで続いた預け牛の習慣の名残に由来するとされる。里が田植を終えるころ、農繁期を迎える久万の直瀬へ里牛を預けるため、山を越えた。牝牛（うなめ）でなく、ほとんどが牡牛だったという。この習慣から、両地域は血縁が深く、「幼くして嫁ぐ初（うぶ）な女子（めご）へのはなむけの地名」という説が語り継がれている。
▽温泉は、東温市ふるさと交流館さくらの湯☎089・960・6511、東温市見奈良の利楽温泉☎089・955・1126が利用できる。また、久万高原町直瀬のふもと友愛館☎0892・31・0250はすべすべしたアルカリ性泉で冷めにくいとして評判。

■問合せ先
東温市産業創出課☎089・964・2001

■2万5000分ノ1地形図
石墨山

37 広田石鎚（総津権現山）

低山ながら、石鎚登山の気分を味わえる鋭い岩峰

ひろたいしづち（そうづごんげんやま）
440m

日帰り

歩行時間＝1時間20分
歩行距離＝3・5km

技術度 3/5
体力度 1/5

コース定数	＝5
標高差	＝140m
累積標高差	↗248m ↘248m

三の鎖を登る

　西の小石鎚山《こいしづちさん》と謳われる総津権現山は、広田地区にあることから「広田石鎚」ともよばれ、後者の方がよく知られている山名だ。豊峰《とよみね》神社の裏山であり、神社から豊岳《とよだけ》（遠見嶽《とおみだけ》）、雄岳《おだけ》（権現嶽《ごんげんだけ》）、雌岳《めだけ》（閼伽《あか》の水嶽《みずだけ》）の岩峰が見える。

　豊峰神社左奥の石橋を渡った鳥居が**登山口**。随所に道標が設置され、頂上までは高度差140メートル、3箇所の鎖場があり、30分ほどで頂上に立つことができる。短い距離だが、急傾斜であり、岩尾根や鎖場、断崖上は注意が必要だ。

西のぞきに立つ

　登山口から急斜面、手すりを頼りに登ると、5メートルの鉄バシゴ、さらにハシゴやロープに頼って登っていく。岩と岩の間の狭いせり割りを越えると一の鎖の横に鉄製の階段が取り付けられている。岩がつるつるなので、濡れているときはハシゴを使うと安心して登れる。

　すぐ上で道が分岐し、右に行くと不動《ふどう》の窟《いわや》、宝壺《たからつぼ》、閼伽の水がある。豊峰神社への分岐を左にとる。再び鉄バシゴを登り、ジグザグに高度を上げ、じゅずかけの杉の間を抜けると、高さ16メートルほどの二の鎖に着く。ここも鉄バシゴを利用して一気に岩場を登りきると西ののぞきだ。ベンチでひと休みして息を整

■鉄道・バス
往路・復路＝バス便がないので、マイカーかタクシー利用となる。

■マイカー
松山から国道379号を南に20キロほどで砥部町広田に入る。旧道の総津橋から県道306号中野総津線に入り、約1キロで豊峰神社。

■登山適期
四季を通じて楽しめる。

■アドバイス
▽石鎚山同様、旧暦の6月1日に白装束で御神体3体を担ぎ頂上に向かうお山開きが行われる。
▽豊峰神社は古くは蔵王大権現といい、明治初期に豊峰神社と改名された。鳥居の両側に休憩施設があり、夏になると名物のそうめん流しが行われる。
▽砥部町岩谷口には浄土寺の霊岩寺がある。寺の北側に岩峰があり、遊歩道が設置され、超小型石鎚という雰囲気。
▽広田地域には、総津権現、三所権現、仙波ヶ嶽の3箇所の岩峰群がある。
▽温泉は、とべ温泉湯砥里館☎089・962・7200がある。

■問合せ先
砥部町広田支所☎089・969・2111

■2万5000分ノ1地形図
総津

えよう。深い谷間と対岸の豊嶽の岩峰が見える。

崖の小径を進み、岩峰下のフェンスを右に回りこむと三の鎖に出る。ここには鉄バシゴはなく、5㍍ほどのクサリ場を登りきると岩棚となり、岩尾根を登ると**広田石鎚**頂上に到着する。蔵王権現を祀る豊峰神社の祠がある。周囲は断崖絶壁だが、柵が設けられベンチも設置されている。眺望はすばらしく石鎚連峰の山々が一望でき、眼下には麓の家並みを見下ろすことができる。

下山は、往路を引き返してもよいが、頂上社の右うしろから遊歩道が南尾根伝いに続き、馬の背を経て長曽《ながそ》池キャンプ場への林道に出合う。頂上から出発点の**豊峰神社**まで、林道、車道を歩いて50分ほどだ。


（文＋写真＝豊田康二）

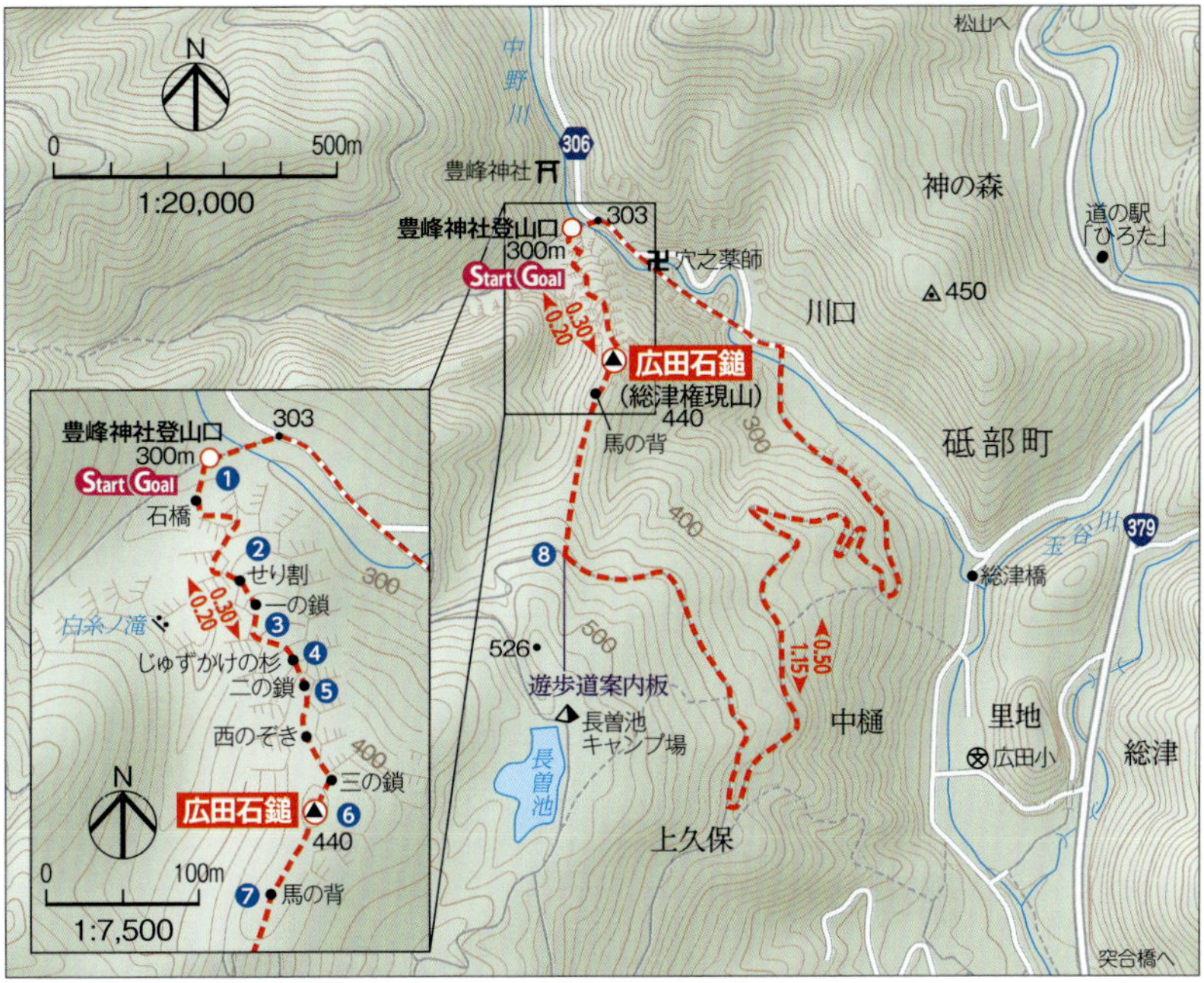

CHECK POINT

1 鳥居をくぐり神社境内に入り、護摩堂の左から登山道に向かう

2 鉄バシゴやロープを伝い、ザックがすれるほどに狭いせり割を抜ける

3 鎖と鉄バシゴがかかる一の鎖を通過する

4 鉄バシゴを登り、標識をすぎると、じゅずかけの杉が現れる

5 鉄バシゴと鎖がつけられた二の鎖を登る

6 三の鎖上部が広田石鎚山頂。狭い山頂の一画に豊峰神社が祀られている

7 山頂から南に、狭い岩稜が続く馬の背を下っていく

8 尾根伝いに進むと林道出合に権現山遊歩道案内板と権現山近道の標識がある

38

ミツバツツジ咲くなだらかな平原の山々を行く

大川嶺・笠取山

おおがわみね　1525m

かさとりやま　1562m

日帰り

歩行時間＝1時間30分

歩行距離＝4・0km

技術度

体力度

コース定数	＝**5**
標高差	＝107m
累積標高差	207m（登り）／207m（下り）

美川峰から大川嶺（右側）と笠取山（左側）

笠取山山頂手前から笠取山を眺める

　大川嶺の山名は、美川《みかわ》地区の自治会名である大川《おおがわ》からきている。笠取山の姿は久万《くま》地区からは隠れて見えない。四国カルストの北端をなしており、一帯は草地造成事業で開発され、かつては放牧が行われていた。山麓にあった美川スキー場と白銀荘は数年前に廃業となり、現在は、自動車や自転車レースの競技コースとして親しまれている。紹介するコースはなだらかな山容で、眺望は360度、ファミリー向けの楽しい山歩きができる。

　松山から国道33号を行き、御三《みみ》戸《ど》大橋を右折、県道328号を約10キロ、20分ほどで美川スキー場跡地に到着する。さらに15分進めば**登山口**である美川峰入口に着く。県道三差路（柳谷《やなだに》との境）の小スペースに車を駐車する。

　登山道はササが生い茂っており、有刺鉄線沿いに踏跡を確認しながら進もう。ベルト下までのやぶ漕ぎを強いられるところもある。霧がかかればなお道がわかりにくくなる。夏はシコクフウロやホソバシュロソウ、コオニユリ、トゲアザミなどの高山性植物を楽しみながら、笹原の道を15分ほど歩けば**大川嶺**山頂だ。皿《さら》ヶ嶺《みね》や石鎚山《いしづちさん》

■鉄道・バス
往路・復路＝JR松山駅からJR四国バス落出行きに乗り、御三戸（みみど）バス停で下車、美川タクシー（予約が望ましい）で約40分。

■マイカー
松山自動車道松山ICから国道33号、県道328号経由で美川峰入口へ。所要約1時間15分。

■登山適期
4月から11月中旬。冬季は積雪があ

シモツケソウ

コオニユリ

を遠望する大パノラマがすばらしい。

大川嶺から鉄線沿いの南側の小道を進み、笠取山を目指す。道沿いに有刺鉄線の柱が立っているものの、鉄線は朽ちているので、踏跡の感触を確かめながら歩いていこう。４つの小山をアップダウンして**笠取山**山頂へ。山頂付近ではミツバツツジやシコクフウロの群落が観察できる。晴れていれば四方の眺めは抜群で、間近の大川嶺や美川峰もよく見える。

下山は、山頂直下の久万高原町《くまこうげん》消防署アンテナ基地まで下り、車道を通り、**登山口**の駐車場へ戻る。笠取山山頂からアンテナの立つ車道までは10分ほどで、ここから最短距離で笠取山を目指す人も多い。

（文＋写真＝岡山健仁）

CHECK POINT

三差路から大川嶺入口に入る。入口はササが多く、気がつきにくい

大川嶺から笠取山を目指す。これからアップダウンを繰り返して笠取山へ向かう

笠取山三角点から大川嶺を眺める。山頂は360度の大パノラマ

稜線東側から車道を歩いて登山口へ戻る。道なりに35分ほど進む

り、車道は凍結する。

■**アドバイス**

▽大川嶺から笠取山へ向かう尾根道はササが歩行者の腰を隠すくらい生い茂っているため、やぶ漕ぎになる。長袖、長ズボンは必須。

▽ツルギミツバツツジのベストシーズンは例年5月下旬。

▽高山性植物は、マイヅルソウ、シコクフウロなど多彩。

▽県道３２８号の御三戸～美川峰、大川峰～柳谷はいずれも道幅が狭いので要注意。

▽大川嶺から柳谷地区へ下りる途中、標高約１３００メートルに伊豆ヶ谷ブナ原生林ある。登山後にこのブナ林を訪れてみたい。車窓からツルギミツバツツジや西日本最大級で雄大なブナ原生林が楽しめる。渓流は夏場でも水温20度を超えない冷たさ。環境省準絶滅危惧種であるイシヅチサンショウウオが生息する。仁淀川水系の名荷谷川の上流にあたり、シーズンにはアマゴ釣りを楽しむファンが訪れる。

■**問合せ先**

久万高原町ふるさと創生課☎０８９２・21・１１１１、伊予鉄南予バス久万営業所☎０８９２・21・００１８、美川タクシー☎０８９２・56・０００１

■**2万5000分ノ1地形図**

笠取山

39

日帰り

大野ヶ原・五段高原

石鎚連峰から太平洋まで見わたせる展望の高原ハイキング

おおのがはら　1403m
ごだんこうげん　1456m

歩行時間＝4時間20分
歩行距離＝10・2km

技術度
体力度

コース定数＝15
標高差＝218m
累積標高差　↗691m　↘691m

小松地区と源氏ヶ駄馬。右の森が一夜ヶ森

日本三大カルストのひとつ四国カルストは、愛媛県と高知県境に位置し、総延長25《キロ》、標高1000〜1400《メートル》の高地にあり、日本随一のカルスト台地として知られている。笹《ささ》ヶ峠のミルク園を起点として大野ヶ原周辺を歩いてみよう。源《げん》氏《じ》ヶ駄《だ》馬《ば》の展望と小《こ》屋《や》山《やま》のブナの原生林は、春の新緑・秋の紅葉が見どころだ。

●大野ヶ原

源氏ヶ駄馬へは、**笹ヶ峠**にあるとんがり屋根の公衆トイレの左側の道を奥へ進み、牧場の柵に沿って、稜線まで一直線にのびる直登ルートとなる。駐車場をすぎ、なだらかな**稜線**を右に進むと、奥の院大空海山幸福寺と1403《メートル》の**三角点**がある。尾根からは大野ヶ原の町並みや小屋山のブナ原生林、大《おお》川《かわ》嶺《みね》、五段高原、遠く石鎚《いしづち》山《さん》、高知県側は眼下に檮原《ゆずはら》集落を望むことができる。360度の展望が広がる尾根道は、天空を爽快に歩いているようで心地よい。

猪伏の大トチの木

笹ヶ峠に戻ったら、小屋山のブナ原生林を訪ねよう。笹ヶ峠から林道終点に向かい、**駐車場**から牧場の中の農道を歩く。ブナ保護林入口の標識から原生林の遊歩道に入り、ブナの大木の中を抜ける道は、勾配がなく、心地よく歩きやすい。**原生林奥**の行き止り標識の左手から赤テープを頼りにササのなかの道を**小屋山**へ向かう。

サブコース①五段高原

地《じ》芳《よし》峠から左折し、五段高原の姫鶴平に出る。軽食ができる**姫鶴荘**やキャンプ場もあり、牧場には展望所が数箇所あり、休憩できる。

■**鉄道・バス**
往路・復路＝大野ヶ原へは利用できるバス便はない。五段高原へは高知県津野町営バスが天狗荘まで運行しているが、愛媛県側からはマイカー利用者がほとんど。

■**マイカー**
国道33号久万高原町柳谷落出から国道440号に入り、地芳峠から県道383号四国カルスト公園横断線を利用する。

■**登山適期**
春の新緑と山野草の花、初夏のキャンプ、秋の紅葉の時期がよい。

■**アドバイス**
▽ミルク園では、搾りたて牛乳やミルクアイスが楽しめる。
▽もみの木ポニー牧場では、ポニーやヤギ、ヒツジ、ロバなどと触れ合える。
▽姫鶴荘☎0892・55・0057は4月〜11月末営業。コテージ、野外ステージやグラウンド、キャンプ場もある。
▽天狗荘☎0889・62・3188は宿泊施設、カルスト学習館、バンガローの施設もある。

■**問合せ先**
西予市商工観光課☎0894・62・1111、久万高原町ふるさと創生課☎0892・21・1111

■**2万5000分ノ1地形図**
惣川・越知面・王在家

姫鶴平から**五段城**を経由して**天狗荘**までの約3キロは、放牧牛がのんびりと草を食み、羊の群れのような石灰岩塔が特異な景観を見せるカルスト台地が広がる。午前中の早い時間なら車も少なく、連峰の山々の雄大な景観は圧巻だ。

姫鶴平から五段城を望む

サブコース②猪伏の大トチの木

けやき平の大トチの木への道は、2キロほどの起伏の少ない涼しく気持ちよい散策路だ。「森の巨人たち百選」に選定されている**大トチ**までは下り道で整備され、硬質の湧水がのどを潤してくれる。

（文＋写真＝豊田康二）

CHECK POINT

笹ヶ峠の南、寺山地区側にポツンと1本の松が残っている

牧場脇を稜線まで登ると源氏ヶ駄馬山頂に幸福寺お堂と三角点がある

ブナ原生林の行き止まりから左斜面を登ると小屋山山頂だ。丸石谷の標記がある

点在する石灰岩のカルスト地形の中で牛が草を食んでいる

40 松山と大洲、2つの地域を隔てる雨乞いの山

壺神山

つぼがみさん
971m

日帰り

歩行時間＝4時間55分
歩行距離＝10・2km

技術度
体力度

コース定数＝21
標高差＝724m
累積標高差 ↗1048m ↘1048m

壺神山遠景　大洲市富士（とみす）山より。手前は若宮地区

大洲《おおず》市長浜《ながはま》町と伊予《いよ》市双海《ふたみ》町の町界にそびえる壺神山は、松山地方と大洲盆地を隔てる山である。山名の由来は山頂近くの壺神神社に少彦名之命とその薬壺が祀られていることによる。干天続きの際に、この薬壺をなでると雨が降るといい伝えられている。

登山口の白滝《しらたき》公園は肱《ひじ》川河口から6キロ上流に位置し、紅葉と滝で知られている。野口雨情が「秋の白滝　木と木のもみじ、山に錦の幕を張る」と絶賛し、『長浜町四季物語』にも、「高さ60メートルから垂直に滝壺へ落下する雌滝の景観は華麗をきわめる」と喧伝されている。

白滝公園雌滝。戦国の世、雌滝の滝つぼに身を投げた、落城した城主奥方の霊を慰めるため、落下地点の傍に瑠璃姫親子観音が祀られている。

登山コースは白滝公園からがおすすめだが、2018年7月の豪雨被害で、公園最奥の貫洞《ぬきんどう》の滝周辺の登山道が崩壊し、横松橋までは通行不能になっている。そのため、郷地区の三嶋神社または67番送電線鉄塔からスタートすることになる。

三嶋神社から、三差路の車道を左に行くと谷奥で、そこから登山道がはじまる。

水槽を回りこんで登ると送電線66番鉄塔がある。灌木林や栗畑の中を登っていくと標高450メートル地点の車道に出る。右上方向のコンクリート道を行くと**67番鉄塔**で、西方の展望が開ける。さらに送電線に沿った道を69番鉄塔へ、ここからは山頂の景観がよい。

道はやや下りとなり、沢近くを巻いて尾根筋の道となる。そのままたどると頂上直下の鉄塔で、その先、作業道に出ると稜線が近くなり、**壺神神社**横に到着する。山頂方向に送電線72番鉄塔があり、その西側の作業道を通り、斜面を登ると長浜町樫谷《かしだに》からの林道と出合う。以前は松山や瀬戸内海、大洲平野が一望できる唯一の場所だったが、周囲の樹木が繁り、展望

■鉄道・バス
往路・復路＝JR予讃線伊予白滝駅下車、白滝公園に向かう。大洲駅前および長浜駅前からは伊予鉄バスが各1日7便。伊予白滝駅前下車。

■マイカー
白滝公園上部の本郷地区へは、白滝郵便局前を左折、長浜方面へ約1キロ進むと大きな三差路がある。ここを右折して舗装路を進んでいく。「戒川」「本郷」などの案内表示をたどっていくとよい。白滝郵便局前～三嶋神社は約6・6キロ。

■登山適期
夏場以外ならいつでもよいが、春のヤマツツジのころや、秋の紅葉の時期がベスト。

は得られなくなっている。2箇所のマイクロウェーブの施設や電波反射板があり山らしくはない。

林道終点から施設の間の小さな道を進むと、すぐに一等三角点本点のある**壺神山**山頂だ。

下山は往路を引き返す。

（文＋写真＝西田六助）

CHECK POINT

この橋を渡り、水車小屋の前を通り、整備された遊歩道を登る

鳥居横の石柱にある「三嶋神社」は秋山好古書とある。司馬遼太郎『坂の上の雲』の主人公だ

稜線上にある壺神神社。少彦名之命とその薬壺が祀られていて、山名の由来となった神社だ

神社前から作業道を北に向かい、長浜町樫谷からの壺神林道に合流、山頂方向の道脇に設置されている

■アドバイス

▽全体として頂上付近の展望は期待できないが、途中の鉄塔基部から望むことができる。また、壺神神社前の道を約300㍍で南側の尾根に出る。ここに壺神様を祀る祠があり、少しだが南側の展望が期待できる。

▽紹介するコースは主として送電線の巡視路を歩くことになる。

道沿いに表示があり、この案内表示にしたがって歩くとよい。1スパン15〜20分程度

▽山頂近くでムラサキトリカブトによく似たシコクブシが見られ、秋になると紫色の花をつける。トリカブト同様もしくはそれ以上に、花、葉、根にも毒素があり、猛毒である。

▽白滝公園では11月第3日曜に滝祭り、11月23日（勤労感謝の日）には瑠璃姫まつりが行われる。

■問合せ先

大洲市長浜町支所地域振興課☎0893・52・1111、JR大洲駅☎0893・24・2319、伊予鉄南予長浜営業所☎0893・52・0403

■2万5000分ノ1地形図

串・大洲

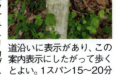

41 神南山

大洲盆地の東にあり、展望台として楽しめる独立峰

かんなんざん
654m

日帰り

歩行時間＝3時間50分
歩行距離＝7・0km

技術度

体力度

コース定数	＝15
標高差	＝626m
累積標高差	722m
	735m

松山市街から国道56号を進み、内子《うちこ》町に入ると、前方の山の頂上に鉄塔が見える。この山が神南山の東の山頂（710メートル）で、通称「五十崎神南《いかざきじんなん》」または「女《め》神南」「表《おもて》神南」とよぶ。西方にも山頂（654メートル）があり、こちらは「新《にい》谷《や》神南」とか「男《お》神南」「裏《うら》神南」とよばれ、大きなフタコブラクダのような山容をしている。

2つの神南山は、大洲《おおず》市と内子町のほぼ中央にそびえる山並みで、展望にも恵まれている。北側の麓を国道56号と松山自動車道が通り、その東側に肱《ひじ》川の支流である小田《おだ》川が、南側に肱川の本流が蛇行しており、西方は大洲平野が広々と広がっている。

東側の五十崎神南山は車道が整備され、パラグライダーなどの発進拠点となっている。登山の対象にはならないため、ここでは西側の新谷神南山を紹介しよう。林道が縦横に走っている山だが、西側の菅田《すげた》地区からの登山コースが唯一残っている。

国道56号松《まつ》ヶ花《はな》から南へ大洲市菅田地区に入り、左側の狭い道路沿いを行くと、**下東《しもひがし》バス停**先に神南山権現登山口の標識がある。権現社の横を尾根伝いに登る。途中から沢筋の道となり、小さな谷間をすぎ、再び尾根道になると頂上は近い。

急坂を登っていくと分岐となり、左方へ下ると林道へ出て、尾根筋を行くと**神南山**山頂だ。三角点と地蔵が祀られ、次のピークに神南山大権現、通称「弥勒さん」の祠が祀られている。狭い山頂だが、展望はよく、山らしい雰囲気がある。

頂上からは、尾根を東に進み、少し下った地点に、明治の終わり

新谷神南山（右）と五十崎神南山（左）

山頂から50メートルほど東へ。地元が管理し、登頂記念の札が多くある

明治末期にこの地方をあらした泥棒亀が居住していたといわれる。大昔は立っていたのではとされ、岩肌に文字らしきものが残っている

■鉄道・バス

往路＝ＪＲ大洲駅前から鹿の川行き宇和島バスで下東バス停下車。松山市街からは、松山市駅から伊予鉄バス三崎行きに乗り、松ヶ花で上記のバスに乗り換える。

復路＝ＪＲ予讃線新谷駅を利用。松山市駅行き伊予鉄バスも利用できる。

■マイカー

松山自動車道大洲北ICを降り、松ヶ花信号を右折、下東バス停近くから左折して神南山権現を目当てに行くとよい。稲荷山公園からは林道が山頂近くまで通じているが、道はよくない。

■登山適期

盛夏以外ならいつでもよいが、春の

ころ、泥棒亀といわれた盗賊の隠れ家といわれる洞窟がある。

下山は尾根筋をさらに下っていくと、北側に下る道があり、林道に出る。この林道を森林浴を楽しみながら進むと**稲荷山《いなりやま》公園**に到着。駐車場から石段を下ると総持寺横に出る。ゴールの**JR新谷駅**はすぐそばだ。

（文＋写真＝西田六助）

CHECK POINT

登山口の標柱。100メートルほど進むと権現社の駐車場があり、しばらくは道が流水により抉られてよくない

図根三角点。ここから尾根筋をはずれ、最奥の谷間を越し、急坂を登って南西の尾根に取り付く

神南山山頂。北の肱川下流域が一望できる。案内板に「20メートル下方にスカイツリーが見えませんか」とある

公園の駐車場から石段を下ると総持寺横の墓地となり車道に出る。JR新谷駅は自動車道をすぎたところ

ヤマツツジ、秋の紅葉の時期が最適。

■**アドバイス**

▽稲荷山公園は、面積約1万平方メートル、神南山の北麓、法眼寺より標高差70メートル上部に位置する大洲市の名勝都市公園。展望台、休憩所、遊歩道、駐車場などが整備されている。樹齢200年の老楓があり、『大洲市誌』によると、大洲藩公が江戸からの帰途、高雄の紅葉を愛でて、苗木を持ち帰り、祈願所である稲荷神社前の一帯に植えたものと伝えられている。県下にも類の少ない、いろはかえでの群生地ということだ。

稲荷山公園へは、林道を4キロ下っていくと到着する。秋の紅葉の季節には多くの人でにぎわう

▽古来この山は「神南備山」ともいわれ、のちに「神南山」というようになった。昔の矢野郷の南方にあるので名付けられたともいわれている。

■**問合せ先**

大洲市観光まちづくり課☎0893・24・2111、宇和島バス大洲営業所☎0893・24・2171

■**2万5000分ノ1地形図**

大洲・内子

42

大判山

左右対称の秀峰で、地域に根づいた山容

おおばんざん　799m

日帰り

歩行時間＝4時間30分
歩行距離＝6.5km

技術度

体力度

コース定数	＝**14**
標高差	＝542m
累積標高差	↗ 598m　↘ 598m

西方の伊崎付近からの眺めた大判山と窪地区

山頂からの眺望。宇和海の島々も眺められる

大判山は西予《せいよ》市宇《う》和《わ》町田之筋《たのすじ》地区と野《の》村《むら》町渓筋《たにすじ》地区の間にそびえる脊稜の一山だ。西方から眺めると中央付近が三角形で、左右対称のどっしりした山容をしており、典型的な富士山型の秀峰で、聖なる山として、古くから地域の人々の信仰の対象になっている。山頂には田野中《たのなか》4箇村（田野中・平野《ひらの》・伊崎《いさき》・窪《くぼ》）が共同して石鎚《いしづち》権現を祀る、石囲いのりっぱな祠があり、毎年7月の第一日曜に窪地区で「おこもり」の催事が催されている。

宇和町田之筋の窪地区入口にある**窪集会所**から歩きはじめる。北側に人家があり、南側は主に開けた畑地が続いている。舗装道を通り、人家がなくなるころ、大きく右方へ曲がる。背後に大判山が覆いかぶさるように見えてくる。農道から作業道へ入り、谷間の**分岐**からは上流側の谷に沿って右岸の山道を行く。新しい道標も立てられていて、道も歩きやすくなっている。

谷筋を30分ほど登り、再び作業道に出ると、左方へ150㍍ほどで分岐が現れる。ここを右に登り、300㍍ほど行くと**作業道の終点**となり、登山道に入る。

大きな尾根から、山腹を横切るように登っていくと、**主稜線**に登り着く。南へ、最後の標高差100㍍は尾根を直登する。急坂で、

■**鉄道・バス**
往路・復路＝バスは西予市生活交通バスが1日1便あるだけなので、JR卯之町駅からタクシーを利用する。鳥鹿野に下山した場合も、利用できる交通機関はない。
■**マイカー**
松山自動車道宇和ICから県道29号、237号で田之筋窪地区へ。
■**登山適期**
年間を問わず登ることができるが、3～5月ころがおすすめ。
■**アドバイス**

露出した岩が多く、緊張を強いられる。

岩角や樹木の根をつかみながら高度を上げる。やがて大きな岩角を越すと**大判山**山頂だ。南東方向の野村町方面の視界はないが、三方向は開けていて展望はよい。眼下に窪地区や田の筋、西方の標高588《メートル》烏殿《からすでん》山頂の左方に宇和町中心部、右方に山田地区を望むことができる。南に目を向けると、鬼が城山系から宇和海、九州の山並み、北方面は神南山《じんなんさん》などが眺められ、気持ちのよい山である。

下山は、往路を引き返すか、野村町渓筋の鳥鹿野《とじかの》地区へ下ることもできる。

（文＋写真＝西田六助）

CHECK POINT

登山口になる宇和町田之筋の窪地区入口にある集会所。黄色い案内板が目印

作業道から沢沿いへの道へ小さな沢が2本あり、上流の沢に沿って登る

山腹を横切る登山道から主稜線に取り付く、山頂までは急坂で、鎖やロープがかけられている

山頂の祠と自然石のテーブル。東側は人工林が多く視界がない。少し奥まったところに三角点がある

作業道終点。ここから急坂の山道となる。注意書きがあるので読んでおこう

▽野村町方面へは急坂を下り、尾根伝いに鞍部（上大判の取付）まで歩き、渓筋（東方）方向の作業道を下ると数分で大きな林道となる。この道を北に向かって10分ほど歩くと三差路になり、北に向かうと大洲市方面の国道56号に通じている。南に向かうと、1時間程度で鳥鹿野の渓筋公民館に着く。ここから県道29号まで約6キロ、野村ダムにかかる大きなアーチ型橋たもとの出合バス停まで行けば、1日8便のバス便が利用できる。
▽作業道終点の案内板に窪区長名義の登山者への注意書きがある。

■問合せ先
西予市経済振興課☎0894・62・1111

■2万5000分ノ1地形図
卯之町

43

法華津湾回廊の拠点。宇和海の展望と尾根歩き

高森山・法華津峠

たかもりやま　635m
ほけづとうげ　396m

日帰り

歩行時間＝4時間40分
歩行距離＝9・5km

技術度
体力度

コース定数＝15
標高差＝435m
累積標高差　650m　590m

法華津峠展望所と宇和海の展望

野福トンネル入口からの眺望　眼下は明浜町俵津

高森山は、標高は高くないが、法花津湾から望むと、三角形をした山容で、裾野は広く、宇和島《うわじま》市や宇和海側と宇和盆地を隔てている。コース上の歯長《はなが》峠は昭和45年に歯長トンネルが開通するまでは、宇和町と三間《みま》町を結ぶ唯一の生活路であった。通行の安全を願う祠や道標が今も残り、往時のにぎわいを偲ぶことができる。

一方、法華津峠の下部には、国道56号とJR予讃線のトンネルが通っている。法華津峠は旧国道56号が通った峠道で、知名度が高く、周辺には数基の興趣をそそる句碑や歌碑も立っている。中でも、展望台の先端に建てられている賛美歌の一節「山路越えて……」の歌碑は有名である。

歯長峠口バス停から、三間町方面への車道を行き、最初の急カーブから小さな沢を渡って登山道に入る。この道は、宇和町明石寺《あげいしじ》から三間町仏木寺《ぶつもくじ》に通じるへんろ道で、途中に古い石の道標がある。

尾根筋から送電線の鉄塔の下を通り、林道を横切ると峠は近い。**歯長峠**からは送電線の鉄塔下を通り、尾根伝いの広い道を行く。鞍部で歯長トンネルの両方から来た林道が合流。途中の鞍部にも林道が交差していて、迷いやすいところもあり、注意が必要だ。

急坂も少なく、快適に歩を進め

■鉄道・バス
往路＝JR卯之町駅から野村行きのバス（1日8便）に乗り、歯長峠口バス停下車。
復路＝野福トンネル入口からタクシーを利用。

■マイカー
歯長峠口登山口や法華津峠展望所に車を置く場合は、往復登山になる。

■登山適期
四季それぞれに趣ある登山ができる。ヤマザクラやツツジが咲く早春から初夏にかけては山菜採りも楽しめる。

■アドバイス
▽法華津峠は手軽に宇和海の展望を楽しむことができ、いか漁の季節には海上を埋める漁火が圧巻。西村清雄の賛美歌の句碑のほか、酒井黙然や生田蝶介の碑もある。休憩所・トイレあり。
▽JR下宇和駅に下るには、法華津峠から宇和町側へしばらく歩き、右手の林道に入り、100《メートル》ほど進んだ地点の左手から下山路に入る。樹林帯を抜け、人家の間を行くと、ほどなく下宇和駅に下り立つ。

■問合せ先
西予市経済振興課☎0894・62・1111、宇和島バス卯之町営業所☎0894・62・1181

■2万5000分ノ1地形図
卯之町・伊予吉田

西予市明浜町狩浜から法華津湾の奥にそびえる高森山。左方の鞍部が法華津峠

ていくと、いつのまにか1等三角点(補点)の**高森山**山頂に着く。

下山は法華津峠方面を目指す。法華津峠との中間あたり、標高550㍍付近は宇和町側の巻道を行く。小さな谷間を下ると旧国道に出て、右手の宇和町側に行くと法華津峠休憩所だ。左の展望所に立ち寄っていこう。休憩所から300㍍ほどで**法華津峠**だ。

法華津峠からは、左手の車道を行くと野福《のふく》峠への道となり、1・2㌔で**野福休憩所**。坂道を下っていくと**旧俵津《たわらづ》トンネル口**に出て、車道を**野福トンネル入口**まで歩く。バス停はないので、国道56号まで歩くか、公衆電話があるので、タクシーをよんでもよい。

（文＋写真＝西田六助）

CHECK POINT

1 歯長峠口から県道31号を三間町方面へ行き、小屋そばを通っていく

2 歯長峠。南の三間平野から鬼が城山系の展望がよい。東方面は三間町への遍路道

3 高森山山頂。「四国のみち休憩所」になっていて、宇和海方面の展望が開けてくる

4 野福休憩所。車道は明浜町高山や宇和町野田に通じている

5 使われることが少なくなった旧俵津トンネル口　新野福トンネル口まで1.5㌔。

6 野福トンネル口。眺望がよく、桜でも有名。眼下は明浜町俵津地区の集落

44

宇和海の展望が広がる南伊予唯一の火山

泉が森

いずみがもり　755m

日帰り

歩行時間＝3時間50分
歩行距離＝5・2km

技術度
体力度

コース定数＝13	
標高差＝590m	
累積標高差	↗591m ↘591m

三間富士とよばれる泉が森　左側の稜線を登る

山頂からの眺望

国道56号を南下し、吉田《よしだ》町から知永《ちなが》峠を越すと、前方に台形をした泉が森の山容が目に入る。その後方は鬼が城連山だ。宇和島《うわじま》市三《み》間《ま》町では三間富士の名でよばれることもあり、上光満《かみみつま》地区では権現《ごんげん》山《やま》として親しまれ、山頂に権現像を祀るりっぱな祠もある。

泉が森は南伊予《みなみいよ》の山々の中で唯一火山によって形成された山であり、その熔岩流は宇和島市民に親しまれている赤松《あかまつ》遊園地の覗岩《のぞきいわ》や、対岸の九《く》島《しま》の安山岩や礫岩として見ることができる。独立峰でもあり、山頂は比較的に広い。標高約230㍍の水分《みずわかれ》を経て鬼が城山系の北端に位置し、ここから牛野川《うしのがわ》地区を通り山頂まで7・5㌔の車道が通じている。

■鉄道・バス
往路・復路＝JR宇和島駅前から宇和島バスで三間町経由松野町虹の森公園行き（1日7便）に乗り、土居仲西組下車。

■マイカー
松山自動車道三間ICから県道57号を三間町へ。三間町務田寄りの山側路側帯に駐車スペースがある。

■登山適期
春夏秋冬、それぞれの季節に応じての変化があっておもしろい。

■アドバイス
▽上光満からは農道を石仏（いしぼとけ）方面へ、山頂への送電線を目当てに進み、キウイ畑上の農道終点から樹林の中へ。猪除けの鉄柵があるので、扉を開けて入り。必ず締めて行くこと。踏み分け道を右手上方に向かって歩くと作業道に出るが、樹林帯の道は判然としない部分もあり、一般的ではない。
▽登山口近くのJR予土線の北側、三間町元宗地区の標高316㍍の山頂（4等三角点）に、土居清良の居城、大森城趾がある。登り口からは160㍍の標高差。

■問合せ先
宇和島市商工観光課☎0895・24・1111、宇和島バス☎0895・22・5585

■2万5000分ノ1地形図
伊予吉田

山頂にはテレビなどの無線中継局が立ち並んでおり、パラグライダーのスタート台もある。広い山頂だが、人工樹林が生い茂り、北側の展望はない、東方の鬼北《きほく》盆地、南の鬼が城山系の展望にも難があるが、西方は開け、宇和島市街、宇和海のリアス式海岸、遠く豊後《ぶんご》水道から大分県、宮崎県の山々を眺望することができる。

県道57号の**土居仲西組バス停**で下車。コンクリート道を行くと、すぐに龍仙寺《りゅうせんじ》横を通る。右折すると土居清良《どいきよよし》廟の建物があり、そばに清良神社がある。登山道はこの廟の前を山に向かって入っていく。人工林の北側の稜線道を歩くので展望はない。途中、数箇所の分岐があるが、上方へ向かう、よく歩かれている道を行くとよい。

標高約650㍍の地点で右に曲がり、急坂となるが、距離は短いのでがんばろう。小さな岩の間をすぎると緩やかになる。アンテナの建物の間を行くと鬼北町水分からの**車道と合流**し、そのまま車道を進む。

たどり着いた**泉が森**山頂にはテレビなどのアンテナが林立して興をそぐが、そこを抜けて西側斜面に出ると、高度感と雄大な景観を目にすることができる。

下山は往路を引き返す。

（文＋写真＝西田六助）

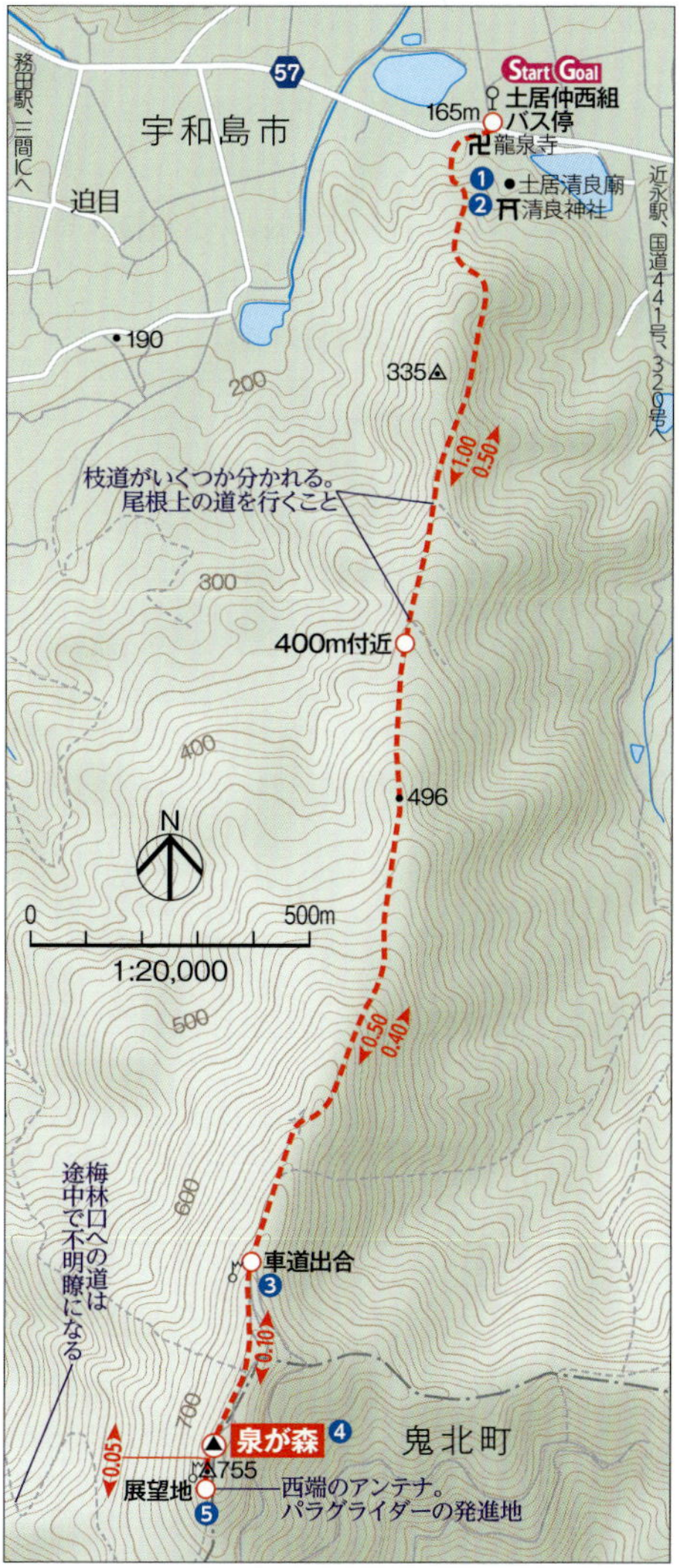

CHECK POINT

近くに清良神社の鳥居があり、石段を登り社殿の前を通っていくことができる。神社の下方が龍泉寺

土居清良は、戦国時代にこの地を支配していた武将。日本で最も古いとされる農事暦を編纂、現存している

急坂を登り、緩やかな登りとなると、山頂は近い。車道は国道320号の峠、水分から7.5㌔

地元の上光満では、権現山とよんでおり、元旦、4月15日、8月15日には早朝より祠に参拝する習慣がある

西端のアンテナ。アンテナ下方を迂回すると眼前が開け眺望がよい

45

鬼北平野の東　歴史（伝説）の悲話を秘めた山

戸祇御前山

とぎごぜんやま
947m

日帰り

歩行時間＝5時間50分
歩行距離＝14.5km

技術度

体力度

コース定数	＝19
標高差	＝785m
累積標高差	↗785m ↘785m

鬼北町永野市から東方向に戸祇御前山を望む

山頂から西方に鬼が城山系、泉が森、宇和海を見る

戸祇御前山は、鬼北《きほく》平野の東部に、稜線が幾重にも重なり、どっしりとした重厚さを見せている山塊で、地元では「トギサン」の愛称でよばれている。頂上には万治元年に勧請した祠が祀られており、数基の石碑もあって、戸祇御前の哀史を今に伝えている。

戦国の世に長曽我部元親を将とする土佐軍の来襲により、河後《かご》の森《もり》城主・渡辺式部少輔は武運つたなく討ち死に、落城した。城中には夫人の戸祇御前姫がいて、夫の死を知った彼女は、夫君の死に殉じるため山へよじ登り、自害した。それから幾百年、「トギ」の霊峰は、今にこの哀史を秘め伝えている。

河後の森城祉は

■鉄道・バス
往路・復路＝JR宇和島駅前から宇和島バスで北宇和病院経由野村病院行き（1日7便）に乗り、三島診療所前バス停下車。

■マイカー
松山自動車道三間ICから県道57号を約24キロで広見町小松地区。三島診療所前バス停近くに信号があり、広見川にかかる延川橋を渡る。ここから約3キロは舗装がされている。それから先は未舗装で道はよくない。途中に1箇所駐車可能なところがある。

■登山適期
早春から初夏にかけて登山するのがよい。秋から冬にかけても趣がある。

■アドバイス
▽戸祇御前山の南面、松野町からの登山道であった奥の川渓谷には、高さ30メートルの天ヶ滝があり、この滝のそばに天然記念物で、高さ7メートルあまりの日本橋がある。幕末のころ、吉田藩主が滝見物に来訪し、植えたともいわれている。登山路はこの滝の左を行って広見町との境界の尾根に取り付いていたが、最近では道がなくなって登ることができない。
▽戸祇御前山には、古くは松野町奥の川から登られていたが、現在では紹介した鬼北町三島（小松）からの登山道が残っているだけ。

■問合せ先
広見町農林課☎0895・45・11

松野《まつ の》町役場南側の山域にあり、現在は石積の一部が残っているのみで、当時の面影はないが、国の史跡に指定されている。

国道320号広見《ひろみ》町小松の**三島《みしま》診療所前バス停**で下車、広見川にかかる延川《のぶかわ》橋を渡って対岸の延川地区へ行く。

車道の左手に三島小学校があり、その前を通り、東に進み、三差路を南の山手に向かう。次に現れる三差路は、左手にある谷の方向に歩くと、あとは谷沿いの一本道だ。

林道広場をすぎ、作業道を大きくカーブしながら登っていくと、標高710メートルの尾根上の鞍部に登り着く。

ここで**林道は終点**となり、尾根筋の登山道に入る。標高差50メートル程度の急坂が3箇所あり、約1時間足らずで**戸祇御前山**山頂である。西方が開け、鬼が城連山から泉《いずみ》が森《もり》、そして遠く宇和海の展望が広がり、眼下には鬼北の里が手にとるように眺望できる。

下山は北西にのびている往路の尾根筋を下っていこう、いくつかの急坂を下り、作業道に出る。この作業道を下っていると急カーブを曲がったところから近道がある。

（文＋写真＝西田六助）

11、宇和島バス☎0895・22・5585

■2万5000分ノ1地形図
下鍵山・近永

CHECK POINT

広見町小松の三島診療所前バス停。少し先に信号があり、橋を渡る

橋から約500メートル、三島小学校前を通り、三差路を右折。左（東）側の谷に向かう

未舗装となり、1キロほど登った谷間の急カーブ地点の作業道脇広場

最上部のヘアピンカーブにつながる約70メートルほどの近道に入る

標高710メートルの作業道終点。ここから南へのびる尾根に取り付く

比較的広い戸祇御前山頂上。特に西方の眺望がすばらしい

宇和島市周辺と宇和海の展望台として

鬼が城山系① 四本松～尻割山

おにがじょうさんけい
しほんまつ　721m
しりわれやま　982m

日帰り

歩行時間＝4時間10分
歩行距離＝8・5㎞

技術度
体力度

コース定数＝17
標高差＝897m
累積標高差 ↗927m ↘927m

四国西南部の中心である宇和島《うわじま》市街の東側背後にそびえる、雄大でどっしりとした風格をもった山塊が鬼が城山で、山頂付近は緩やかな丸みをおびている。慶応2（1866）年末、イギリスの外交官アーネスト・サトウが、鹿児島から神戸に向かう途中に宇和島に寄港。背後に巨大な鬼の住む山があるということを世に発信し、多くの人々の知るところとなった。また市街地から歩いて1000㍍以上の山に登ることのできる場所は全国でも数少なく、山上から見るリアス式海岸や、島々と山の景観のすばらしさもよく知られている。

尻割山からの眺望

尻割山は、鬼が城山の北側にある毛山《けやま》から派生している大引《おおびき》尾根の途中にあり、眼下に宇和島市街、宇和海、九州の山並みなどが広がる展望台となっている。地元では生活に結びついた山でもあり、四季折々の自然が織りなす風情を楽しんだり、トレーニング登山など、幅広い登山スタイルが楽しまれている。

登山口は宇和島市の宇和津彦神社裏手の野川《のがわ》からと、**丸山運動公園**がある。後者は最近になって整備された、標高約100㍍の高台で、駐車場も整備されている。利用者が多く、平成20年には駐車場そばに里程標を兼ねた概念図や、登山路の道標も設置された。このコースを歩いてみよう。

駐車場から陸上競技場の山側を行く。案内板にしたがうと農道となり、10分も進むと、山道に入る。よく整備されていて、小さな尾根を越すと丸穂《まるほ》からの道と合流し、登るにしたがってオンツツジなどの灌木が目につき、その間から宇和島市街地を見ることができる。

野川への分岐の道標をすぎると、すぐに広い道に出る。**旧トロッコ道**で、これを横切ると、再び作業道に出合う。このあたりを千本松とよんでいる。

さらに進むと広々とした尾根道になるが、すぐに地盤が現れた窪地となる。すべらないよう注意しよう。人工林の中だが、気持ちのよい場所だ。

■鉄道・バス
往路・復路＝JR宇和島駅前から徒歩で登山口に向かうか、タクシーを利用してもよい。

■マイカー
宇和島道路宇和島朝日ICを降りて、県道224号から国道320号に入り、宇和島駅前を通り、トンネルを抜けるとすぐに左折。丸山運動公園の駐車場へ。

■登山適期
四季それぞれに興趣があるが、春と秋の花のシーズンが特によい。

■アドバイス
▽野川登山口は、JR宇和島駅前から、所要20～30分。国際ホテル前の道をまっすぐ山に向かって歩き、突きあたりの宇和津彦神社の石垣に沿って左に行く。大きな道標があり、コンクリートの道から谷間に沿った農道

野川登山口

八本松《はちほんまつ》（約540㍍）から30分ほどで**四本松**に到着する。野川登山口からの道と合流し、さらに尾根伝いに行くと**尻割山**に登り着く。高度感あふれる展望台で、好天に恵まれると九州の山並みも見ることができる。

下山は往路を引き返すか、**四本松**から**野川登山口**へも下れる。

（文＋写真＝西田六助）

宇和島市九島からの鬼が城山系

CHECK POINT

1 蒸気機関車が置かれ、近くの信号を渡り、100㍍足らずで龍光院の石段になる

2 石段右横の墓地中の細い道を、上部に見える大きな観音像に向かって行く

3 鬼が城山系の里程標がある丸山運動公園駐車場。ここから競技場の山側を行く

4 登山道は左手の農道を行く。注意板に最低限のことを俳句調で記入されている

5 滑床からの木材などを搬出するために明治時代に設置されたトロッコ道跡

6 四本松で丸山運動公園からの道と、野川からの道が合流する

7 尻割山。宇和島市と宇和海の展望台で、南側に権現山、鬼が城山を見る

8 尻割山から160㍍の地点。林道上に毛山ヒュッテがあり、尾根伝いに行くと毛山

を右折すると愛宕山公園への道となる。なお、野川登山口に駐車場はない。

▽尻割山から尾根筋を160㍍ほど行くとスーパー林道となり、右方へ、周囲の展望を楽しみながら、約20分で鹿のコルに到着、ここから鬼が城山、八面山などに、また滑床林道を左方に30分ほどで梅ヶ成峠下方に到着し、高月山へ足をのばすことができる。

▽尻割山は、地元では毛山と混同される場合も多い。これは江戸時代にこの地方が毛山村とよばれていたことによるものと思われる。

▽冬になると、毛山からの吹き下ろしの風が強く、「わたくし風」とか「毛山おろし」といわれ、愛媛県内の三大風といわれている。この風を静めるために風神様が祀られていたが、現在は土台石のみとなっている。

▽尻割山の山名由来は、市街から見ると、西側にある丸山と尻割山が人間のお尻に似ているという説と、野川登山口からは「泣き坂」という長い登山路があり、泣いてでも尻を割ってでも登った甲斐があるから、という説の2説がある。

■問合せ先
宇和島市商工観光課☎0895・24・1111

■2万5000分ノ1地形図
宇和島

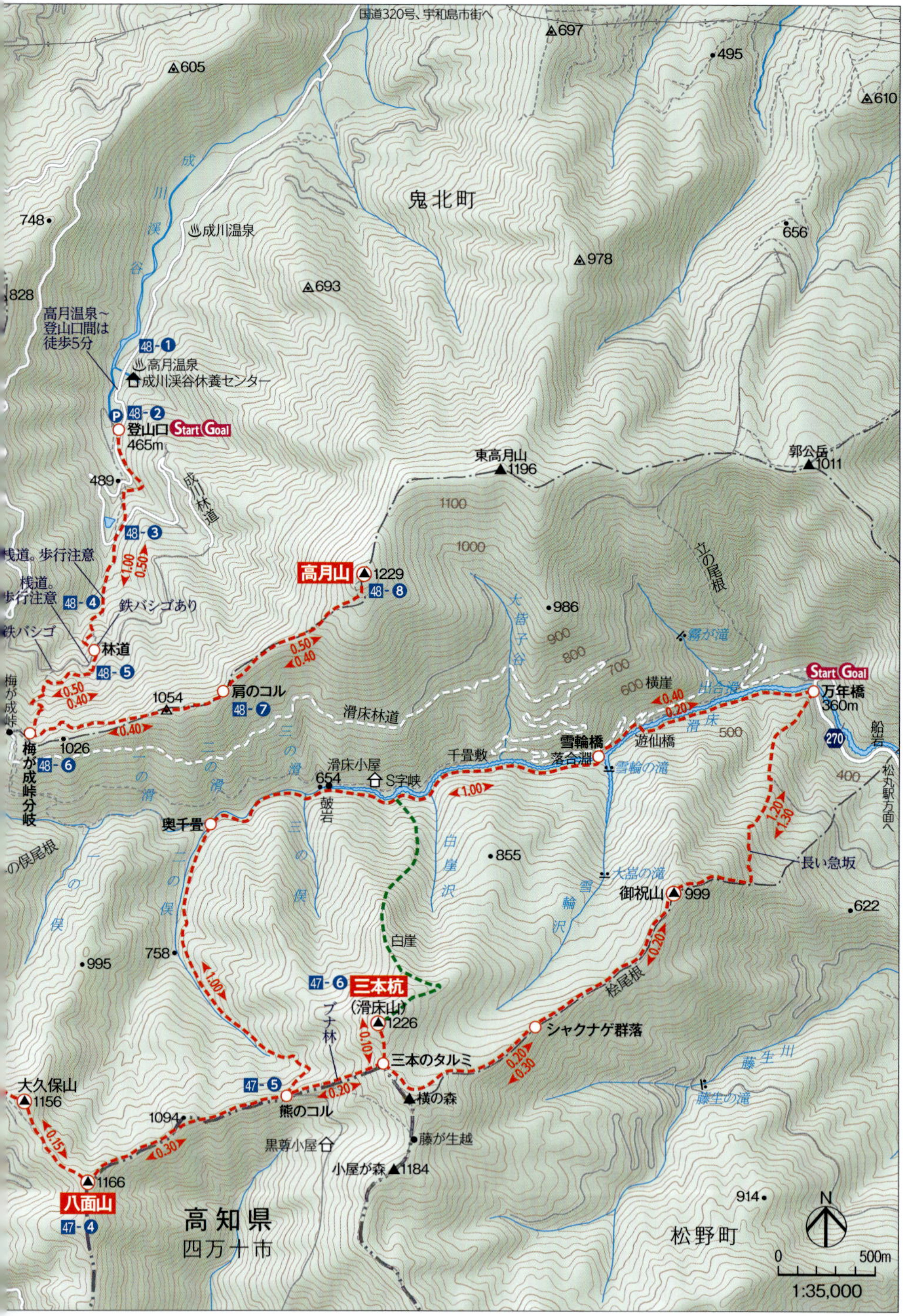

国道320号、宇和島市街へ
鬼北町
成川渓谷
成川温泉
高月温泉～登山口間は徒歩5分
48-1
高月温泉
成川渓谷休養センター
48-2
登山口 465m
Start Goal
成川林道
48-3
桟道。歩行注意
48-4
鉄バシゴあり
林道
48-5
梅が成峠
梅が成峠分岐
48-6
肩のコル
48-7
高月山 1229
48-8
東高月山 1196
郭公岳 1011
立の尾根
大宮子谷
霧が滝
滑床林道
横崖
出合滑
万年橋 360m
Start Goal
270
船岩
松丸駅方面へ
雪輪橋
落合淵
遊仙橋
滑床
雪輪の滝
千畳敷
滑床小屋
S字峡
654
皷岩
奥千畳
一の滑
二の滑
三の滑
白崖沢
長い急坂
大宮の滝
雪輪沢
御祝山 999
白崖
47-6
三本杭
(滑床山) 1226
ブナ林
三本のタルミ
桧尾根
シャクナゲ群落
藤生川
藤生の滝
47-5
熊のコル
横の森
藤が生越
黒尊小屋
小屋が森 1184
大久保山 1156
八面山 1166
47-4
高知県
四万十市
松野町
の俣尾根
一の俣
二の俣
三の俣
1:35,000
0
500m
N

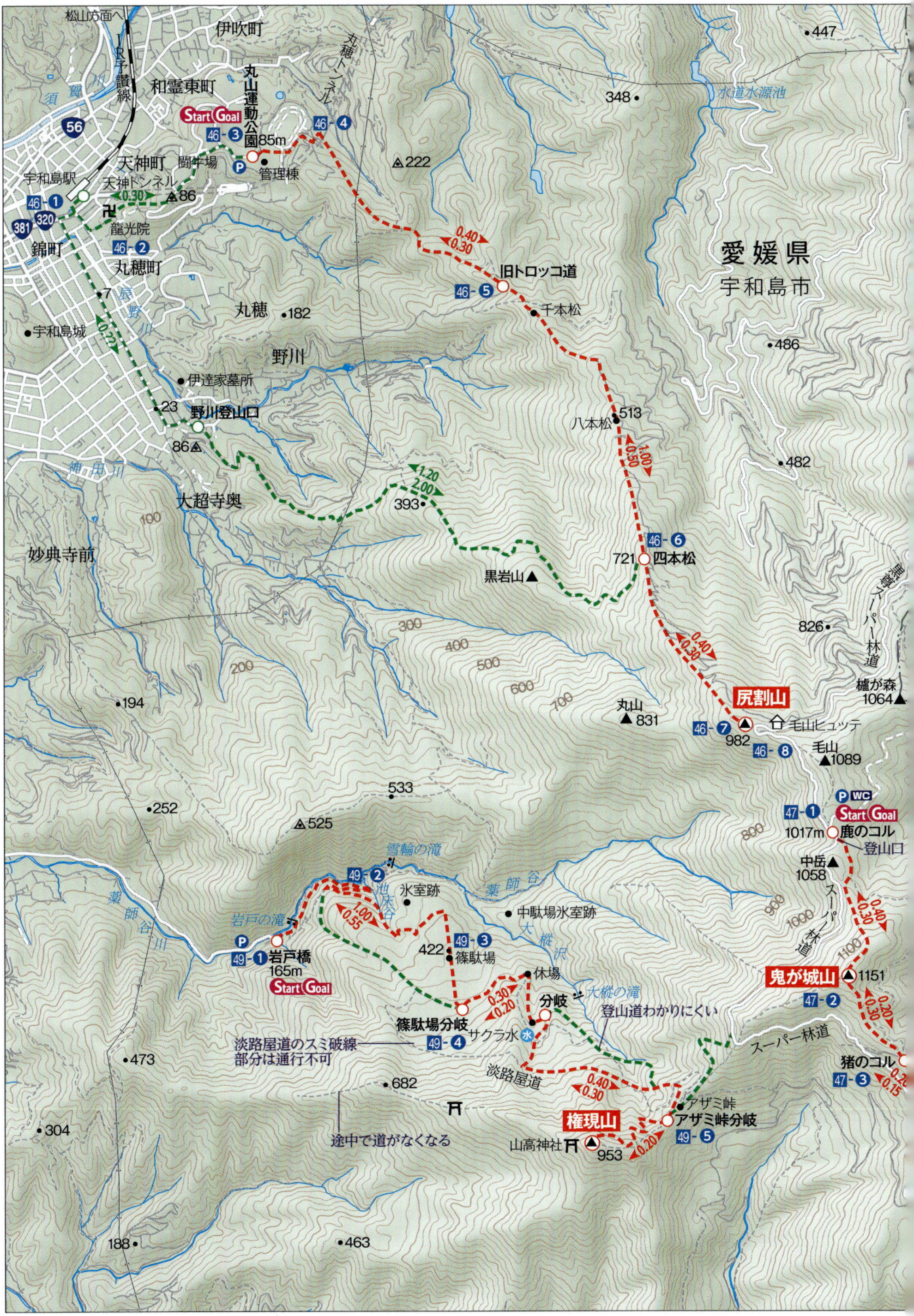

愛媛県
宇和島市
丸山運動公園
85m
Start Goal
旧トロッコ道
千本松
八本松
513
四本松
721
尻割山
982
毛山ヒュッテ
毛山
1089
丸山
831
鹿のコル
1017m
登山口
中岳
1058
鬼が城山
1151
猪のコル
権現山
953
山高神社
アザミ峠
アザミ峠分岐
分岐
休場
サクラ水
篠駄場分岐
篠駄場
422
岩戸橋
165m
岩戸の滝
雪輪の滝
氷室跡
中駄場氷室跡
大樅の滝
登山道わかりにくい
淡路屋道のスミ破線部分は通行不可
淡路屋道
途中で道がなくなる
スーパー林道
野川登山口
野川
丸穂
丸穂町
錦町
宇和島駅
宇和島城
伊達家墓所
天神町
天神トンネル
龍光院
和霊東町
伊吹町
闘牛場
管理棟
大超寺奥
妙典寺前
黒岩山
393
JR予讃線
松山方面へ
丸穂トンネル
水道水源池
須賀川
辰野川
神田川
薬師谷川
薬師谷
大樅沢
黒尊スーパー林道
櫨が森
1064
447
348
222
486
482
826
182
86
23
7
194
252
533
525
682
473
304
188
463

47 山系主要部の稜線を行く

鬼が城山系②

鬼が城山・八面山・三本杭

日帰り

歩行時間＝5時間5分
歩行距離＝8・5km

技術度
体力度

鬼が城山	おにがじょうざん	1151m
八面山	やつづらやま	1166m
三本杭	さんぼんくい	1226m

コース定数＝17

標高差＝209m

累積標高差 ↗739m ↘739m

オンツツジ咲く三本杭山頂からの眺望

鹿《しか》のコル北側の山頂が毛山《けやま》で、南側に中岳《なかだけ》そして鬼が城山と続いている。この鬼が城山を中心に、滑床《なめとこ》の沢を取り囲む山域を鬼が城山系とか鬼が城連峰とよぶ。郭公《かっこう》岳《だけ》、高月山《たかつきやま》、毛山、鬼が城山、大《おお》久保山《くぼやま》、八面山、三本杭、横《よこ》の森《もり》、御祝山《おいわいさん》といった山々の連なりだ。

鬼が城山から南東方へ約1キロに大久保山、さらに0・5キロに八面山がある、八面山は、その名の通り、さえぎるもののない360度の展望が楽しめる。

鹿のコルから、滑床側の登山道を100メートルほど行った地点に道標があり、中岳との鞍部に向かって登っていく。主稜線に着いたら、稜線に沿って登ると道標があり、ほぼ平坦な道を行くと**鬼が城山**山頂だ。4月下旬になるとブナの新緑とシャクナゲの花が印象的だ。

山頂から稜線が2分するが、左に滑床側に向かって尾根を下る。ブナやヒメシャラなどの大きな自然林が多く、下り着いたところが**猪《い》のコル**だ。南面の展望がよく、譲《ゆずり》が葉森《はもり》や、遠く篠山《ささやま》などが見え、右下方には権現山《ごんげんやま》から宇和《うわ》海が広がっている。

尾根上に出ると分岐になる。左の尾根道を行くと**大久保山**へ、右は山腹を横切って八面山への近道となる。ここはまず大久保山に登っていこう。急坂だが、距離は短い。移り変わる光景にきっと満足するはずだ。

大久保山から尾根伝いに行くと**八面山**山頂に着く。正面に見えて

■鉄道・バス

往路・復路＝鹿のコルへの公共交通機関はない。マイカー利用が一般的。滑床渓谷も同様だが、森の国ホテル宿泊者はJR松丸駅への送迎がある。

■マイカー

鹿のコルへは、宇和島市内から約27キロ、須賀川ダム近くから黒尊スーパー林道を利用する。滑床渓谷へは鬼北町を通り、松丸を経由して向かう。宇和島市内より約36キロ。

■登山適期

四季を通して山歩きが楽しめるが、特に春と秋の花のシーズンがよい。

■アドバイス

▽昭和48年に完成したスーパー林道は、国道320号須賀川ダムの上部から鬼が城山の宇和島市側山腹を横切り、黒尊から高知県中村市に通じている。全線舗装。

▽鹿のコルから八面山方面へは、ほかに鬼が城山の滑床側の山腹道を行くコース、あるいはスーパー林道をそのまま進み、猪のコル下方でハシゴをを利用して登るコースもある。

▽三本杭という山名は、藩政時代、宇和島藩、吉田藩、土佐藩の境界の杭が南側の横の森山頂にあって、それがいつしかこの山の一般的な呼び名になっている。

▽滑床渓谷S字峡から白崖のルートは単独で入山することは厳に慎しむこと。

いる三本杭へは、急坂を下り、吊尾根とよばれる稜線を行く。ブナ林が多い心安まる道で、ほどなく**熊《くま》のコル**に下り着く。左右に滑床方面、高知県黒尊《くろそん》への道が分岐する。

三本杭へは高度差約150メートルをいっきに登る。ブナを中心とした自然林の坂を登りきると、**三本のタルミ**とよばれる鞍部で、左手に丸いドーム形の三本杭、右手に横の森が眺められる。登り着いた**三本杭**の頂上は広く、中央に1等三角点本点の標石がある。360度の展望が広がり、遠く石鎚山《いしづちさん》を望むこともできる。

三本杭は、滑床渓谷の南側を代表する山であり、ほぼその中央に位置することから、「滑床山」の別名もある。山全体としては、なだらかな女性的な山容で、平成13年ころに笹が枯れて黒い地肌を見せていたが、現在は、笹の植樹などで回復しつつある。

下山は往路を戻る。

（文＋写真＝西田六助）

▽三本杭から南にのびる小屋が森、串ヶ森方面は、下床林の笹がなくなり、行きやすくなっている。道は横の森下方から、熊のコルと三本のタルミのほぼ中間あたりから行くことができる。往復の所要は約2時間ほどだ。

■問合せ先
宇和島市商工観光課☎0895・24・1111、松野町役場☎0895・42・1111

■2万5000分ノ1地形図
宇和島・松丸

CHECK POINT

1 鹿のコル。毛山と中岳の鞍部で、登山基地となっていて、駐車場やトイレあり

2 鬼が城山。山頂には珍しくブナの自然林があり、幹近くにシャクナゲもある

3 鹿のコルからと林道からの道、山腹の巻道が合流する猪のコル

4 八面山山頂。東に三本杭、小屋が森、南に県境の尾根が続き、篠山も遠望できる

5 熊のコル。滑床千畳敷からの道、南側は高知県黒尊からの道が合流する

6 平成13年にササが広範囲にわたって枯死。19年に植樹して成長している

滑床渓谷を起点とした周回コース

万年橋のたもとから渓谷に沿って、奇岩や滝、滑を探勝しながら行く。落合淵の上にかかる雪輪橋を渡り、右岸をひたすら上流へ向かう。途中には千畳敷、S字峡、鼓岩などの景勝地がある。二の俣と本流が出合う地点が奥千畳。広い滑の間を水が流れる。

二の俣沿いの道に入り、高度を上げる。周辺は自然林の中で、沢の水が枯れて、やや平坦なブナ林をすぎると熊のコルに到着。あとは本文のコースで三本杭へ。

三本杭からの下りは桧尾根のコースをとる。横の森の腹を巻くような道からブナ林の坂を下るとシャクナゲの群落で、平坦な尾根を行くと御祝山である。ここからは急な長い下りがはじまる。人工林の中をどんどん下り、沢の音が聞こえて来ると、出発点の滑床万年橋は近い。

雪輪の滝。日本の滝100選のひとつ。三本杭のたるみが源流で、途中に大嵓の滝もある

樹齢200年以上といわれるシャクナゲの群落。四国では最大規模だろう

＊コース図は118・119ページを参照。

48 山系主要部の稜線を行く
鬼が城山系③ 高月山

おにがじょうさんけい たかつきやま　1229m

日帰り
歩行時間＝6時間10分
歩行距離＝6・0km

技術度
体力度

コース定数	＝**21**
標高差	＝764m
累積標高差	↗ 981m ↘ 981m

鬼が城山系大久保山からの高月山

高月山は、四国西南地域、鬼が城山系の最高峰で、南面の滑床《なめとこ》側、北面の成川《なるかわ》側から一挙にせり上がり、そびえ立っている。顕著な三角形の山容が宇和《うわ》海や各地から眺められ、古くには「櫓《やぐら》が森《もり》」とよばれたという。藩政中期ごろには「高筑」とよばれ、それが転化して「高月」となり、明治37年に宇和島地方の地形図測量がなされた際に、「高月山」と表示されてから現在の名前になったという。

高月山のバイケソウの新芽とシャクナゲ

この高月山と三本杭《さんぼんぐい》とにはさまれた滑床渓谷は、四万十《しまんと》川水系の支流である目黒《めぐろ》川の源流で、約12㌔におよぶ河床は花崗岩の美しい滑状をしている。この谷を取り巻く山々との高度差は700㍍もあって、1000㍍クラスの山としては非常に深い谷である。

支流は右岸の三本杭側は比較的緩やかな流れであるのに対し、左岸の高月山側は急傾斜の滑である。またこの滑床渓谷に沿って、登山道が山頂付近の峠まで続いており、このような道は県内では他に見ることができない。

成川渓谷休養センターから100㍍ほど上流の駐車場が**登山口**だ。渓流に沿って登山道が続いている。支流をひとつ渡って、ダムの堰堤の横をすぎると成川林道に

■鉄道・バス
往路・復路＝JR宇和島駅から宇和島バスの野村行き（7便）に乗り、成川口バス停下車、徒歩5㌔で成川渓谷休養センター。

■マイカー
宇和島自動車道宇和島朝日ICを降りて、国道320号に入り、JR宇和島駅前を通り鬼北町方面へ。水分（みずわかれ）から数分の成川口を右折して成川渓谷に向かう。車道最奥に駐車場がある。

■登山適期
四季それぞれに楽しめるが、春と秋の花のシーズンがよい。

■アドバイス
▽宇和島市内から歩いて登るには鬼が城山系①四本松～尻割山を参考。四本松から生命の水経由、スーパー林道、梅が成峠へ、約100㍍ほどで成川からの分岐となる。
▽鹿のコルから滑床林道を約25分で梅が成峠への登り口で、峠までは5分程度。
▽滑床渓谷からは、奥千畳から谷を渡って左岸を行き、本流を渡り、一の保尾根経由で鹿のコルに出る。本流に沿ってそのまま進み、滑床街道に出て、梅が成峠に行くこともできるが道が荒れている。この滑床街道とよばれた左岸の道も桟道が朽ち果ててなくなっていて、通行は非常に難しい。

出て、その下手の登山道に入る。小さな谷間を渡り、自然林の中を少し進むと山腹道に出る。ここは下山のために場所の確認をしておこう。しばらくすると桟道になるので注意して渡ろう。

再び**林道**に出ると崖ぶちにかかる鉄バシゴを登る。途中に再び桟道が数箇所あるが、いずれも老朽化が進み、朽ちて危険なところもある。桟道が通れない時には林道まで引き返し、約200メートル先の2つめの短めの鉄バシゴを登り、右方から上方へ行くと人工林の取付の尾根道に合流する。

人工林と自然林の混合林や、人工林のみの場所をすぎ、自然林が多くなると尾根道も近い。**梅《うめ》が成《なる》峠の東側**に出ると、峠を経てきた宇和島方面からの道が合流する。左に尾根筋を進む。一部滑床側を行くが、緩やかな尾根道で快適である。高月山への取付付近は、初夏のころにはバイケソウの群落となるが、毒をもっているので注意しよう。頂上直下は急坂で、木の根につかまりながらの登りとなる。山頂付近はシャクナゲやブナ、ヒメシャラなどの自然木が多い。

登り着いた**高月山**頂上は周囲の樹木が伐採され、広々とした感じである。北面が開けていて、泉《いずみ》が森《もり》、鬼北《きほく》方面の山々が眺められる。

下山は往路を戻る。高月温泉や成川温泉で汗を流して帰ろう。

（文＋写真＝西田六助）

CHECK POINT

1 左奥に高月温泉がある。前の道を直進すると駐車場となる

2 登山は駐車場から沢沿いに行く方がよい。成川林道を通っても行くことができる

3 駐車場からの林道と出合う、少し上流に温泉の井戸がある

4 桟道は改築され15年以上を経ており、間隔をおいて注意して渡ること

5 再び林道に出て山側に回り込むとハシゴがある。これを登っていくと桟道となる

6 梅が成峠からの登山道と合流し左方へ。峠から下ると鹿のコルまで1200メートル

7 梅が成峠分岐から東進し、肩のコルから滑床側を巻き、再び尾根道となる

8 山頂には権現像を祀る祠や3等三角点、頂上案内板があり、北側が開けている

▽高月山の東側には東高月山、鬼王峠があるが、道が不明でやぶ漕ぎをしなくてはならずすすめられない。東高月山下方は、数年前に森林整備により作業道が縦横に開削され、鬼王峠も昔の自然豊かな面影はなくなった。この峠の東側に郭公岳があり、滑床からは、立の尾根、鬼北町側からは中野川林道から行くことができる。

▽高月山へ登山する機会に成川渓谷を探勝するのもよい。蛇王の滝、千畳敷などの景勝地がある。休養センターの近くにはキャンプ場などの野外活動の施設も整備されていて、家族連れや団体に利用され、「えひめ森林浴八十八か所」に指定されている。

▽宿泊施設としては、成川渓谷休養センター（鬼北町直営）と約1キロ下流に民営の成川温泉湯元荘がある。源泉は平成3年に林道脇に掘削され、温度も30数度Cあり、湯量も豊富である。

▽最近、山頂付近の樹木が伐採され、祠の位置が移動されて、高月山の特徴がなくなりつつあることが残念である。

■問合せ先

鬼北町農林課☎0895・45・1111、宇和島バス☎0895・22・5585

■2万5000分ノ1地形図

松丸・宇和島

＊コース図は118・119ページを参照。

49
信仰の山、そして歴史を秘めた谷
鬼が城山系④ 権現山

おにがじょうさんけい ごんげんやま 952m

日帰り

歩行時間＝4時間35分
歩行距離＝4・5km

技術度 ▲▲△△△
体力度 ♥♡♡♡♡

コース定数＝19
標高差＝788m
累積標高差 ↗1055m ↘1055m

鬼が城山系大久保山付近からの権現山と遠景は宇和海

鬼が城山の南西方向に位置し、山頂するどく天を突く独立峰で、山頂の地形がひと際目立っている。山頂の山高《やまたか》神社や権現講などの信仰や祭礼が現在も続けられ、地元の人々からは「権現様」と親しまれ、旧暦の6月17、18日に行われていた祭礼は、長い期間途絶えていたが、社殿が平成10年に改築されたのを機に復活し、現在では8月4日に行われている。

権現山頂上での山高神社祭礼

地域の高くてひと際目立つ山に、地域名を冠して「○○権現山」と称することが多く、特に南伊予《みなみいよ》の海岸部にこの傾向が強い。

岩戸《いわと》橋を渡ると、かたわらにソーメン流しの建物があり、その前の左方の広い道を行く。沢沿いに山腹を巻くようにしばらく進むと、池床《いけとこ》谷で三差路になる。大きく右に回りこみ、少し進むと、左方に篠駄《しのだ》場への道がある。まっすぐ進むと篠駄馬の上部に出ることができるが、ここは篠駄場への道を進もう。**篠駄場**は、以前は林業会社の種苗地であったため、珍しい樹木を見ることができる。広いまっすぐな道を行き、大きな三差路に達したら、先ほど分かれた道と合流する。

尾根の先端を回りこみ、標高500㍍地点が休場で、江戸時代から大正3年まで、上流のクマ谷で

■鉄道・バス
往路・復路＝JR宇和島駅から宇和島バス薬師谷渓谷行き（1日8便）を利用。

■マイカー
宇和島道路宇和島南ICを降り、次の信号を左折、3・8㌔で渓谷入口に到着。岩戸橋から少し下流に登山者用の駐車場がある。夏場はソーメン流しをしているので岩戸橋周辺への駐車は不可。

■登山適期
四季を問わず、登山することができるが、9〜10月は薬師谷筋にスズメ蜂が多く、注意のこと。

■アドバイス
▽他の登山コースとして、野川登山口から四本松、スーパー林道を通り、鬼が城山南西稜からアザミ峠へ下り、山頂へ達することもできる。
▽谷沿いの数メートル先に岩戸の滝がある。天の岩戸を思わせる巨岩が両岸から迫り出していて、その入口から中に入ると滝がある。名前の形容そのものを感じさせる。昔は権現山への登拝者がここで水垢離してか

権現山山頂から、眼下に薬師谷地区、その先に宇和島市街、そして宇和海を俯瞰する

できた氷を背負って下ろす時に休んだ名残の場所だ。そのまま進むとサクラ水といわれる小さな谷間に達する。

自然林の中を進むと三差路があり、右折してサクラ水の谷間に沿って登り、谷を越し、小さな尾根を巻いてしばらく行くと左方への道となる。この道は淡路《あわじ》屋道《やみち》といい、古くは薬師谷から土佐へ通じる道であったという。

やや登り坂の道をしばらく行くと、小さな尾根を回りこんだところで右上方への坂道を登る。尾根に出て、アザミ峠からの道と**合流**すると山頂は近い。社殿の裏側に登山道があり、周りこんでいくと、山高神社の正面となり、**権現山**山頂だ。西側が開けていて、宇和島市街から宇和海が広がっている。

下山は往路を戻る。池床谷の三差路まで下り、谷にかかる橋を渡り上流へ50メートル進むと沢への下り道があり、雪輪《ゆきわ》の滝へ通じている。清流に登山の疲れをいやし、薬師谷渓谷をゆっくり探勝しながら渓流沿いに登山口の**岩戸橋**に向かってもよい。

（文＋写真＝西田六助）

▽薬師谷渓谷は岩戸橋より1キロほどの間に岩戸の滝、博奕岩、萬代の滝、雪輪の滝、小瓢箪、千畳敷、飯釜渕、大瓢箪等の巨岩、滝や滑が続き、散策に適した渓谷である。また、篠駄場は、明治時代まで存在していた集落で、さらに奥に建てられていたという藩政時代の薬師谷御殿など興味は尽きない。

▽山頂にはかつては大きなブナなどの自然林が生育していたが、山高神社が新しく造営された際に、眺望がよくないということで、関係者により伐採された。今ではアセビなどの乾燥地の植生に変化している。

■問合せ先

宇和島市商工観光課☎0895・24・1111、宇和島バス☎0895・22・5585

■2万5000分ノ1地形図

宇和島

CHECK POINT

夏場は近くに湧水があり、地元老人会によるソーメン流しが行われる。登山道は左手山際の広い道、右方にトイレあり

池床谷・篠駄馬コースは右折して上方へ。渓谷沿いに行くと飯釜渕などが続き、砂防ダムがある

篠駄場は昭和50年ころまで種苗地で、その種苗が繁茂し、メタセコイヤ、ヒマラヤスギなどの成木を見ることができる

谷間から数10メートル行くと分岐点になる。直進すると権現駄場方面へ、森林整備され、作業道が縦横につくられわかりにくい

淡路屋道から登ってくると尾根に出て、ステンレス製の小さな鳥居がある

＊コース図は118・119ページを参照。

50 アケボノツツジに彩られた信仰の山

篠山

ささやま
1065m

日帰り

歩行時間=3時間25分
歩行距離=6・0km

技術度 ●○○○○
体力度 ●○○○○

コース定数 =**15**

標高差 =665m

累積標高差 ↗811m ↘811m

大規模林道西方からの篠山

　四国西南域で1000メートルを超す山では最も南に位置し、足摺宇和《あしずりうわ》海国立公園内にあって、山頂一帯は特別保護区域に指定されている。室町時代から篠山神社や観世《かんぜ》音寺《おんじ》、その付属の建造物が建てられていて、山頂を取り巻く周囲2キロにおよぶ山域は神社所有地となっている。古くから山岳信仰の霊地として神聖化されてきたこともあって、自然のままの姿が残り、地元では「オササ」の愛称で親しまれている。頂上近くにアケボノツツジの群落や杉などの巨木があり、開花期には大勢の登山者でにぎわう。山頂からは北の鬼が城山系から西方の宇和海まで見わたすことができる。

　犬除《いぬよけ》の集落から500メートルほど県道を東へ行くと、大規模林道の案内板がある。そばの松田《まつだ》川にかかる橋を渡って、1キロ奥へ進むと祓川《はらいかわ》温泉があり、そのまま3キロほど進んだところが登山口だ。

　登山口から少し林道を行くと「焼滝《やきたき》」の看板があり、その奥が焼滝であるが、登山道への道はわかりにくい。滝つぼに近いところを渡り、左斜め上方に登れそうな石ころの道を行くと登山道に合流する。この滝は水の流れているところだけが黒く焼けただれたような岩肌をしているので、「焼」の名がつけられたようだ。途中、九段《くだん》の滝などもある。

　しばらく岩場などの急坂を登り、ひと汗かいたころに650メートルの尾根に出る。緩やかな尾根筋を登り、広い尾根を回りこむように

■鉄道・バス
往路・復路＝JR宇和島駅前から宇和島バスで津島町岩松まで行き、以奥はコミュニティバスかタクシーを利用する。コミュニティバスは岩松公民館前から谷郷線を利用、祓川温泉まで1日3便あり。所要40分。

■マイカー
宇和島道路津島高田ICで降り、国道56号、県道4号を御槙方面に向かう。岩松から約18キロ、犬除の集落をすぎて、松田川にかかる橋を渡り、大規模林道を4キロ行くと登山口。

■登山適期
4～5月が花の見ごろでおすすめ。

■アドバイス
▽車であれば登山口をすぎて篠山トンネルを抜けると篠山学習館があり、ここから左折して正木林道を約4キロ行くと、県境の標高約800メートルの稜線上に第1駐車場があり、約1キロ、1時間弱で山頂に達する。
▽大規模林道は篠山学習館から尾根伝いに愛南町内海の国道56号まで25キロ。また左方の車道は県道篠山公園線で、愛南町正木に下り、高知県宿毛市との境界まで17キロ。
▽山頂付近の登山道にはシカ除けのため、ネットが張られている。出入口には開閉扉がある。
▽四国遍路道の40番観自在寺（愛南町）から41番龍光寺（三間町）間は3ルートあるとされていた。そのう

CHECK POINT

1 林道の擁壁の上を歩く形で登山道に入る。やがて焼滝への下り道が分岐する

2 登山口から100㍍で「やけ滝」の看板を目にし、駐車場奥に滝がある

3 稜線上の石の標柱がある分岐点。「左寺道、右本道」の銘あり

4 樹齢1000年、胸高径長6㍍の大杉は愛媛県下最大といわれている

5 西暦806年、弘法太師によって番外札所として開山された観世音寺跡

6 「入らずの森」へはアケボノツツジの樹勢が衰え、立ち入りが規制されている

7 篠山神社（昭和62年改築）の裏側上部が頂上になる

8 明治16年に建立された、伊予と土佐の国境を示す大きな石柱

なると道の**分岐**となり、りっぱな古い石の道標がある。尾根道を行くと直接頂上へ、山腹の寺道を行くと観世音寺跡から頂上への道となる。どちらを通ってもよいが、後者を15分ほど行くと**大杉**があり、すぐに観世音寺跡に出る。ここで第1駐車場からの道と合流する。

石段を上がり、鳥居をくぐって篠山神社に出て、その左側を巻いて登ると、予《よ》土《ど》国境を示す大きな標柱石がある**篠山**山頂に着く。山頂の水たまりは「矢筈《やはず》の池」とよばれ、昔は池の中央に立石があり、その石が伊予と土佐の国境であったと伝えられている。

下山は尾根筋から往路を引き返す。

（文＋写真＝西田六助）

ちの「ささ山越十四里半」は長く途絶えていたが、２０１７年秋、地元の要請を受け、筆者のグループが探索、篠山から北東にのびる尾根から湯元、祓川への道を確認している。

■**問合せ先**
愛南町一本松支所産業課☎０８９５・８４・２２１１、宇和島市津島支所☎０８９５・３２・２７２１

■**２万５０００分ノ１地形図**
楠山

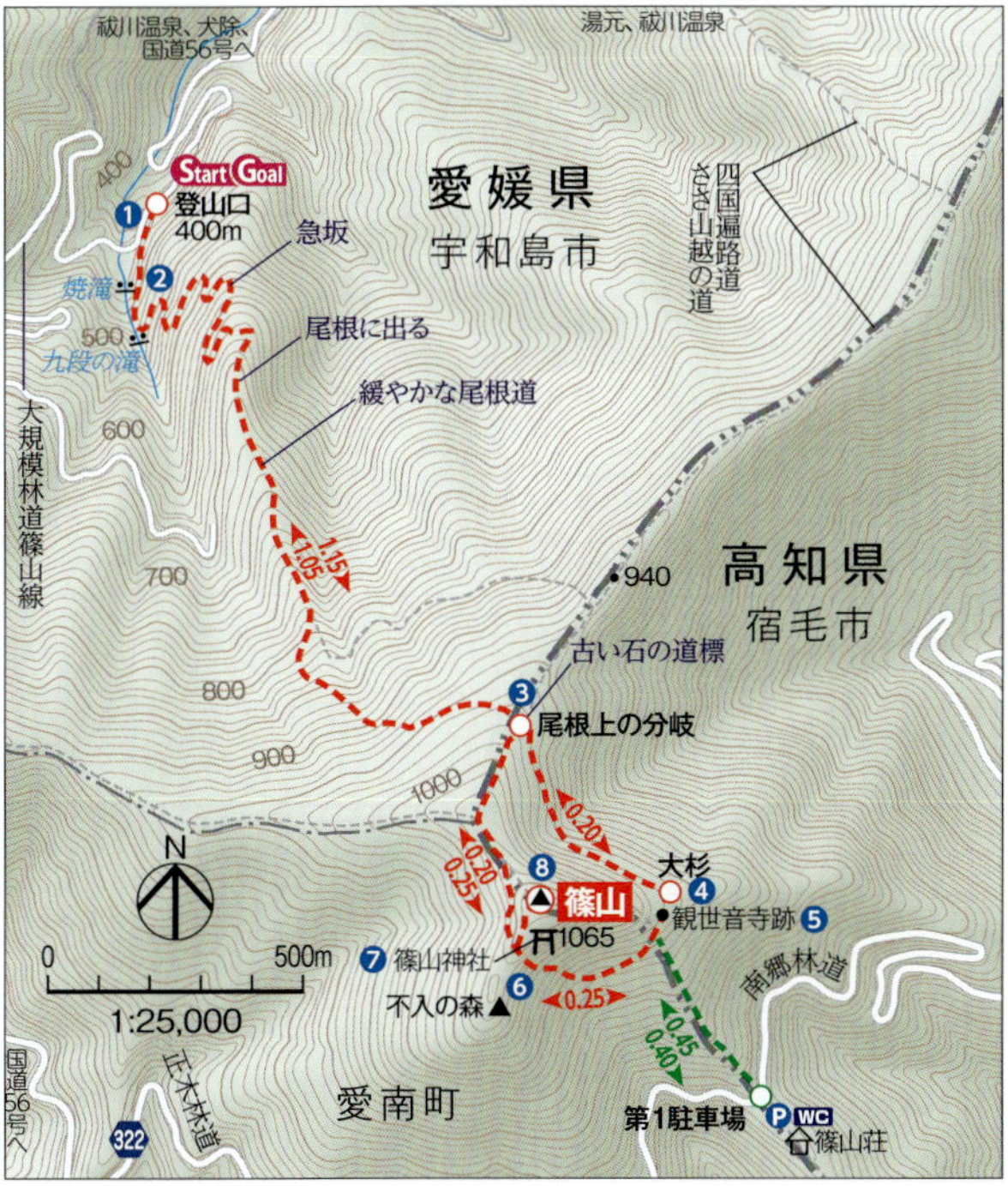

石川道夫

西田六助

豊田康二

岡山健仁

●著者紹介

石川道夫（いしかわ・みちお）

高校一年の春、はじめて石鎚山に登り、以来、山のとりこに。大学山岳部で日本アルプスを中心に本格的な山登りを経験。現在、写真業のかたわら、四国のブナ自然林を撮り歩いている。著書にアルペンガイド12『中国・四国の山』（山と溪谷社／共著）ほか、多数がある。

西田六助（にしだ・ろくすけ）

1935年、西予市明浜町生まれ。55年から10年間外国航路の船員を勤め、65年から高校教諭、高校登山部顧問となり、山に取り組む。96年定年退職。現在は愛媛県山岳連盟顧問、宇和島山岳会会長。

豊田康二（とよた・こうじ）

1955年、松山市生まれ。大学の寮生活時に山岳サークル「嶺上開花」で中部の登山に親しむ。社会人になり、松山勤労者山岳会に籍を置き、登山活動に取り組んだ。退職後は夫婦で四季折々の草花を追い求めて登山を楽しんでいる。

岡山健仁（おかやま・たけひと）

1966年、松山市生まれ。13歳の時イシヅチサンショウウオの幼生に出会い、山の動物が好きになる。1991年から28年間、石鎚南麓の小さな博物館で学芸員として勤務。石鎚山系で動植物の調査研究をしている。元環境省自然公園指導員。

分県登山ガイド37

愛媛県の山

2016年 11月 5日 初版第1刷発行
2021年 9月30日 初版第2刷発行

著　者 —— 石川道夫・西田六助・豊田康二・岡山健仁
発行人 —— 川崎深雪
発行所 —— 株式会社 山と溪谷社
〒101-0051
東京都千代田区神田神保町1丁目105番地

■乱丁・落丁のお問合せ先
山と溪谷社自動応答サービス　TEL.03-6837-5018
受付時間／ 10:00-12:00、13:00-17:30（土日、祝日を除く）
■内容に関するお問合せ先
山と溪谷社　TEL.03-6744-1900（代表）
■書店・取次様からのご注文先
山と溪谷社受注センター
TEL.048-458-3455　FAX.048-421-0513
https://www.yamakei.co.jp/

印刷所 —— 大日本印刷株式会社
製本所 —— 株式会社明光社

ISBN978-4-635-02067-1

●乱丁、落丁などの不良品は送料小社負担でお取り替えいたします。
●定価はカバーに表示してあります。

●編集
WALK CORPORATION
●ブック・カバーデザイン
I.D.G.
● DTP
WALK DTP Systems
水谷イタル　三好啓子
● MAP
株式会社 千秋社

■本書に掲載した地図は、国土地理院長の承認を得て、同院発行の数値地図（国土基本情報）電子国土基本図（地図情報）、数値地図（国土基本情報）電子国土基本図（地名情報）、数値地図（国土基本情報20万）及び基盤地図情報を使用したものです。（承認番号　平28情使、第420号）
■各紹介コースの「コース定数」および「体力度のランク」については、鹿屋体育大学教授・山本正嘉さんの指導とアドバイスに基づいて算出したものです。
■本書に掲載した歩行距離、累積標高差の計算には、DAN杉本さん作製の「カシミール3D」を利用させていただきました。